森林美学への旅

ザーリッシュの森をもとめて

小池孝良 著

ザーリッシュの原著版に収録されている刊行当時のヨハンナの塔（左）と現在の塔。135年後の今も美しいたたずまいを残している（右、著者撮影）。

海青社

▲１章／ザーリッシュの持山をイメージさせるマツ林

中欧の痩せた土壌に成立したオーシュウアカマツの雰囲気を残す(ポーランド・ポステル周辺)。真中は狩猟用の足場。

▲２章／ザーリッシュの森公園入り口

森林美学の実践の鍵、混交林化を進めて100年余。住民に愛される都市緑地が広がる(10月下旬)。

▲ 2章 / ザーリッシュの森のオークの並木（108年前〈左〉と現在〈右〉）
植え付けてから100余年を経て、人々に安心を与える存在になった。森の王オークの一面を見せる。

▲ 4章 / 林内美創生の例。地形とビスタを用いた林内美の創生。
標高のある面を利用して伐採面も狭くし、奥行きを“演出する”。

▲ 4章/ミュンヘン工科大学の風景計画学

ヴァイスビア(白ビール)で有名なフランジングの構内からお気に入りの景色を切り取る。クロードグラス(手鏡)の発展系か？

▲ 4章/南ドイツ・アイプ湖畔の遊歩道

日本では町の緑を担う伏状タイプのモンタナマツ(*Pinus mugo*)の近縁で立上タイプの種である*P. uncinate*を展示植栽。高山帯の適潤地に生育するが、成長が非常に遅く繁殖までに相当時間を要する(R. Matyssek 教授談)。

▲ 4章／南ドイツ・アイプ湖

フォレストスケープ（視点座と視対象）を実感。風景保育の事例。湖周辺は針葉樹優占の混交林化を進める（10月上旬）。

▲ 5章／収穫した材の見せる調和の美

「自然林の美学」の著者の選ぶ南ドイツの林道とサテライト土場の風景（写真提供 W. Stölb）。

▲ 5章/林内を飾る巨石

ザーリッシュの森造りでは、巨石を残して、(氷河期の名残)悠久の時を楽しむ(10月下旬)。

▲ 5章/バイエルン州有林の混交林化

ヨーロッパトウヒ人工林での択伐と収穫後にはミズナラ、サクラ、手前には蜜源としてニセアカシアを混交している。

▲ 6章 / 画面に再現された試験林
東西ドイツ時代を超えて150余年に渡るモニターデータ(SILVA)を基礎に林分を再現し、林家の相談に応える(写真提供：Thomas Rötzer　TUM教授)。

▲ 7章 / 伐採後の更新稚樹の育成
侵入した広葉樹も生かす。しかし、林床の耐陰性のあるキイチゴ類は鳥散布であり、トゲがあって制御は難しい(南ドイツ、10月上旬)。

◀ 8章/ビッキのアカエゾマツ
（北海道大学中川研究林）
「自然との共生スピリッツ」を表現されたという砂澤ビッキ氏の魂の宿る木：「私の作品には“風雪という名の鑿（ノミ）”が加わる」（四つの風：北海道新聞出版　2020）。

▲ 8章/林内を飾る偏奇木
ザーリッシュの森公園内の巨木の1つ、オウシュウアカマツの根がむき出しの個体。ポーランドの新・森林美学改訂版に採用された。

はじめに

森林美学の目標は、我が国では北海道帝国大学の今田敬一氏によって集大成された。その内容は次の言葉に収れんされる。それは、「学問は細分化、解析を旨とするが、森林を対象にする学問には、絵画と同じく統合化が必要である」。そして、森林美学の目的はA・メーラーのいう恒続林思想へと繋がることを指摘した。私の理解している点は、表現や対象が森林資源に限定されてはいるが、基本的にはSDGs*（持続可能な開発目標：MDGs――ミレニアム開発目標――、リオ+20〔国連持続可能な開発会議〕という2つの大きな流れが融合するような形で生まれた）の主張と同じである。

＊2015年に国連が出した目標であり、その15番目に「陸の豊かさを守ろう」がある。2020年までに陸上生態系を守り森林減少を食い止める、森林再生と植林活動を行う、絶滅危惧種を保護し絶滅を防ぐ。30年までに砂漠化を防止し、衰えた土地と土壌を回復させる、と謳った。

森林美学という講義科目を知ったのは、職場が、研究所から大学へ移動になってすぐ、生協の本屋できれいな表紙の本の題名を見て、手に取った時であった。その本は、新島善直・村山醸造著とあって、開くと古書の写しのような印象で、期待した美しい写真などはなかった。私にとっていまだに謎多い学問、しかし、森林に向かう者には森林科学の根幹に関わる体系なので、ここで森林美学の導入と継承の経緯を記し、この学問の意義を共有させていただきたい。

本書は、12章から構成され、各章の概要を以下に示す。まず、森林美学の史的側面、景観管理と国策との関係を述べ風景計画を考える(1章)。次に、森林美学の今日的意義を生態系サービスの視点から述べ、発祥の地の様子を紹介する(2章)。続いて森林美学の施業論としての意味を詳解し(3章)、森林の風景保育を摩周湖の事例を基礎に、その技法を述べる(4章)。さらに、持続的森林管理の基盤整備としての林道のあり方を述べる(5章)。風景を構成する樹種特性と環境変動の影響を考察し(6章)、変動環境を生き抜く樹木の扱い方を論じる(7章)。そして巨樹の扱い(8章)、生物多様性の視点、まなざしの意味を考え、具体的な施業法が産み出してきた林冠の特徴を述べる。続いて、生物多様性をにらんだ景観と森林美の視点を述べ(9章)、動物としてのヒトの特性から見る好ましい林内景観を論じ(10、11章)、最後に「森の幼稚園」に例をとりながら、森林教育の意味と〝美しさ〟のとらえ方を述べたい(12章)。

大学へ移動後、再々度移動し、まず職責として取り組んだのが、この科目であった。準備時間は、半年。しかし、正味2か月程度しかなく、また月曜に配当された講義のため不機嫌な週末を3年あまり送ることになった。家族には申し訳ない気持ちであった。正直、何をどのように講じれば良いのか、解らなかった。教育と研究内容の分離を求められる現在の大学教員の仕事の困難さを実感した。カンニングのように卒業生らに講義内容を聞いてみた。あまり記憶にない科目だったようであったが、その中で、「受講票を出すときに、背筋が伸びた！」という意見には、伝統講義への糸口が途切れた思いであった。一方、木材生物系の卒業生が「気に入った校内風景の写真と、なぜ気に入ったかのコメントを書くことで単位を得た！」とあり、それは「森のスケッチ」の著者、中静透氏の集中講義の課題と同じであったことから、前向きに取りくむことにした。

もちろん前任者の講義録も2点引き継いだ。風景への情緒面を工学的に捉えようとした「移ろいの風景論」小林 享（1993）著を参考にされたそうで、2度読み返した。内容は、アジアの風景は雨上がりの香りがする、と言う結論だった。その副題は「五感・ことば・天気」である。この中でも、五感と言葉の取り込みには腐心している。もう1つは、筒井迪夫先生のお名前であった。御著作や造園系の普及雑誌である「グリーン・エイジ」の森林美学系の特集を通じて参考にした。それらの詳細は本文で紹介し、影響を受けた井原氏の論壇をまとめで紹介したい。

自分自身は解析的な方向（光合成機能など）に興味を持って森林樹木に接してきた。しかし、多くの先輩が、円熟されると共に、「ご専門は？」とたずねると「林学です」と返事をいただいてきたが、その理由がわかるようになって来た、と、ちょっと悦に入っていた。そして旧知の吉住琢二氏から、森林美学の要旨を新聞誌上に出す機会をいただいて、いわば骨子を作成したことで、ようやく講義ができるようになった。この一環で、北海道にはあまりなじみのない里山の歴史を調べる中で、戊申詔書の意味を小野良平氏の論説（２００５・２００８）を読んで、背筋が凍った。正直、森林美学や北村昌美氏の提唱された文化森林学（２００８）という言葉は、牧歌的な印象であったが、その背景を知るにつけ、風景すらも「政治の産物」であることに気づかされ、講義へ向かう姿勢を正した。

本書を執筆する機会は、実は２０１０年にいただいていた。しかし、先輩らの「赤」を入れていただくべく、雑誌「北方林業」の特集の中で、10回程度のトピックをまとめ、査読者の激励をいただいたが、それ以上はできなかった。その理由は、自らが専門と思って取り組んできたのは、無機・生物環境と木本植物の生活の仕方の解明（＝生理生態学）であり、学問分野として森林風景計画学や環境デザイン学が存在する中で、いわば素人が、何かを記す勇気が無かった。しかし、12年間、森林美学を、関連して森林風致学を4年間も講じた責務もあって、かなり迷ってきた。

この中で「森への働きかけ――森林美学の新体系構築に向けて――」と「H・フォン・ザーリッシュ　森林美学」（訳本）の2冊を出版して下さった海青社の宮内久氏から具体的な指針を賜り、ようやく執筆する勇気を得た。記して感謝する。なお、紙面の都合で以下本文中では、敬称は略す。

森林美学への旅

ザーリッシュの森をもとめて

目次

【コラム】

1章　森林美学の史的背景

1　森林美学の位置づけ

私自身が、当初、この講義に取り組むことがうまく出来なかったのは、自分が専門としてやってきたこととの関係を自ら「そしゃく」できなかったからである。少なくとも2年間は悶々とした日を送った。

ある日、ふと気づいたことがある。それは、留学生用の講義の準備で、所属する森林科学科の説明資料を作成したときであった。生物多様性条約第10回締約国会議COP10（名古屋議定書）などとの関連を紹介する中で、生態系サービスの概念図（図1・1）を見た時に気づいた。森林科学科の9つの研究室（現在8つ）の構成は、まさに生態系サービスの図そのものであった。（森林）植物の一次生産、土壌形成などの基盤的サービスに、木質資源などの物質の供給サービス、環境緩和など調節

物質の供給サービス *生態系が生産するもの* 水・燃料・繊維・化学物質・遺伝資源	調節的サービス *生態系プロセスの制御によって得られる利益* 気候の制御・病害の制御・洪水制御・無毒化	文化的サービス *生態系から得られる非物質的利益* 精神性・レクリエーション・美的利益・教育・発想象徴性

基盤的サービス *他の生態系サービスの基礎となるサービス* 一次生産・栄養塩の循環・土壌形成

図1·1　生態系サービスの概念図（小池訳出）
サービス：生態機能のうち、人間の役に立つもの
https://www.who.int/globalchange/ecosystems/en/ を基礎に作成。

的サービス、そしてレクリエーション、風景美など文化的サービスがあるという（小池 2011）。数学の問題が解けたときのような快感であり、悩みが消えた瞬間であった。講義担当の開始後、なんと3年の月日が流れていた。このような状態であっても当時の受講生らには、レポートなどもきちんと提出されて、感謝しかない。

もう1つの問題は、森林美学は林内美の創出であるが、森林を含む風景美を想像されがちである点であった。ザーリッシュの目標は造園学の影響を受けつつも、施業法による林内美の創出と実施にある。「美しい森をつくる」を出版された速水林業（我が国で最初に森林認証を取得）の速水勉さんによると、「美しい森を造ろうと思って山を手入れしてきたのではない。孫らが山（からの生産物）で食べられるように手入れをしてきた。そうしたら世間は美しい森だと言って下さる」そうだ。デザインにおけるアフォーダンス（認知科学）の実践と言える。つまり、山の達人になると、

〝山がどの様な手当をされたがっているか解る〟そうである。後述するが、椅子をみれば〝座るもの〟と認識できる、ということだ。山の管理の基本は、「木一代、人三代」と、速水さんは述べておられる。実に言い当てている。

2　里山の背景にある歴史

里山の文字を見ると、祖母の手伝いで裏山へアカマツの枯れ葉を集めに行って、かまどの焚きつけにしたことを懐かしく思い出す。また、クヌギは火力があると言うことで、薪にして正月の餅つきの米を蒸すときに使った。萌芽更新で裏山のクヌギ林を維持していた。そして、文部省唱歌「ふるさと」を聞くと、その故郷を思うのであった。しかし、先々代の五十嵐恒夫が注文後、15年を経て入荷した地球社の「森林風景計画学」の中にある小野良平の論壇（2008）を学んでからは、見ていた風景への思いが変わってしまった。それまで、森林美学は、哲学的な美（＝審美）として森林内の美の創出を謳っている、と考えていた。上記のように、一種、牧歌的な感じを抱いていた（レーマン、識名・大淵2005）。そのことが、いかに無知であったか、今は、痛感している。

「風景は見出され、発見される」。これはフランスの地理学者のオギュスタン・ベルクの言葉である。「ポール・セザンヌはセント・ビクトワール山の絵を何枚も描いた。その風景は麓の農民らも見ていたはずであるが……」。この記述には、「風景は見る人の知識に応じて変わる」と言う言葉が続く。これは、実は我が国の国立公園の祖、田村剛が50年以上前に述べていた。しかし、この言い方には、なんだか高慢な印象があって、ベルクの言葉だけを彼の著書・訳本「日本の風景・西洋の景観」から紹介していた。しかし、小野論文を読んでからは、1929年刊行の田村の言葉を紹介するように勇気を出した。

鎖国で約280年、そして明治政府の樹立。突然、欧米にならった文明開化、富国強兵、帝国主義に国家が邁進していた時代であれば、風景計画だけが特別な訳はない。故郷を遠く離れ、私は唱歌「ふるさと」を聞いては、小学校の頃の祖父母らとの思い出を振り返っていた。この曲は、文部省唱歌として、その作詞者が長らく解らず不思議に思っていた。なんとなく牧歌的イメージで聞いていた曲であったが、繰り返すが、小野の論文によって目が覚めたのである。1908年に戊申詔書が発せられ、入り会い地を含め、本州以南の里山は、公有林化され生産性の高いという針葉樹林に置き換えられていった。しかし、小野は指摘したが、幼い頃から童謡唱歌、童話などで植え付けられた風景を心の中に持っていれば、見える風景は、実は、既に〝刷り込まれ〟ているのだ。

今田敬一門下生で95才になられた札幌農学校森林科の卒業生から、「他学科の学生から〝いいね、森林科は。作家の道もあって〟と言われ、面食らった！」という逸話を聞いたことがある。その理由は、志賀重昂の「日本風景論」にあり（図1・2）、南方から見た日本の風景のすばらしさを通じて、

図1·2　志賀重昂「日本風景論」の表紙の例
（写真提供：北海道大学山岳部）

日清・日露戦争へ、国民を鼓舞し、なんと14版を重ねたことが背景にある。ただ、正直な気持ちとして、国民を鼓舞し、戦争への道を後押ししたかも知れないと想像して、志賀の活動は学部での講義や留学生にも伝えなかった。つまり国粋主義者ということから、講義担当後3年間は、志賀の話題は避けていたのであった。しかし、平成遠友夜学校での話題提供時に、校長の藤田正一から、同じく卒業生で、欧米での経験、キリスト教精神から志賀を批判した内村鑑三の主張と合わせて紹介することを勧められた。これを契機に、上記の田村の言葉も紹介することにした。

その5年後、「ナチスと自然保護」という訳本に出会って気づいたことを改めて述べたい。〝ふるさと→ドイツ人ための故郷→ドイツ人のための国家〟という流れも頭をよぎった（A・レーマン：識名・大淵２００５）。我々は、森林への施業を通じて森林美を創出するが、その時に、我々、技術者は国家の為政者の意思を無視できない、ということを指摘したい。

【コラム１】 国家戦略としての生物多様性

生物多様性とは生物学的多様性と同義であり、１９８５年に、生物学的多様性フォーラムの計画中に、米国Ｗ・Ｇ・ローゼンによって造語された。そして昆虫の生態進化学者Ｅ・Ｏ・ウィルソンによって公開された（ウィルソン １９８８）。ある地域における遺伝子・種・生態系の総体が一般な概念であり、大量絶滅の時代を迎えた今、広く認識されつつある。１９９２年にブラジルのリオ・デ・ジャネイロで採択された地球サミット（環境と開発に関する国際連合会議）では、次の定義が採択された。「すべての生物間の変異性を意味し、種内の多様性・種間の多様性及び生態系の多様性を含む」。これは、ザーリッシュらが指摘した樹種の混交の概念とほぼ同義であると考えている。

日本では１９９５年に生物多様性国家戦略が、２００２年には新生物多様性国家戦略が出され、保全の強化、自然再生の推進、持続可能な社会造りが示された。２００７年には第三次戦略が閣議決定された。ここでは、進行する温暖化環境が強調された。２０１０年の名古屋の地球サミットでは、農林水産業や観光、貿易などの既存分野に生物多様性の考え方を取り入れた（名古屋議定書）*。また、漢字の「里山」ではなくＳＡＴＯＹＡＭＡの概念を発信することになった。ただ、生物多様性国家戦略２０１０以降、同戦略２０１２～２０２０として、「我が国のロードマップを示すとともに、２０１１年３月に発生した東日本大震災を踏まえた今後の自然共生社会のあり方を示す」ことになった。

＊名古屋議定書（生物の多様性に関する条約の遺伝資源の取得の機会及びその利用から生ずる利益の公正かつ衡平な配分に関する名古屋議定書）は、ＡＢＳの着実な実施を確保するための手続を定める国際文書。遺

伝資源の取得の機会（Access）とその利用から生ずる利益の公正かつ衡平な配分（Benefit-Sharing）を重視する。

（小池孝良）

3　森林美学との出会い

〝はじめに〟で述べたように、森林美学との最初の出会いは店頭で見た本であった。その後、高価な本であったが、復刻版というその本を購入した。今田の退職時には、戦後復興からの流れもあって、針葉樹林増産のために拡大造林の流れが一般的で、黒化（＝針葉樹）促進運動があり、京都大学を除いて、その基礎を担う造林学の流れも育苗を中心に樹木生理系へ全国的に大きくシフトしていた。この中で北海道大学林学科（木材生産のための技術体系：現在の森林科学科の1つの源流）では、森林美学の継承が話題になったが、一同が継続か修了かを思案するなかで林政学の小関隆祺が手を上げたという。小関は版元の子孫を探し当て、復刻版を出版した（1991）。

全国に森林美学の重要性は伝わっても、関東大震災のために版元が焼け落ち、せっかく出版された「森林美学」も入手困難になった。インターネットはもちろんコピーもない時代に、版元の消失によって教科書がない状態では、内容の是非にかかわらず講義として定着できなかったと思われ

図1・4　森林美学導入当時の新島善直
（北海道大学文書館）

卒業論文
北海道有用樹木ノ美的價値ヲ論ス
第一巻
林學科三年選科　村山釀造

図1・3　村山醸造の学位論文の内表紙
（北海道大学農学部図書館蔵）

る。川瀬善太郎（東京帝国大・林政学）や明治神宮や日比谷公園の設計を手がけた本多静六（同・造林学）がステチェルの森林美学を紹介し、その重要性が認識されていたにもかかわらず、である。

新島善直がドイツ留学から帰国後、彼の地で注目を浴びていたH・フォン・ザーリッシュの著した、直訳「人工林の審美」を持ち帰り（小池 2019）、専攻生の村山醸造に影響を与えた。アイヌの聖地である「沙流川源流の針広混交林の美しさに魅了され、それを後世に伝える使命を感じる」と巻頭にある。さらに我が国独自の森林美学が執筆された背景は、「北海道有用樹木ノ美的價値ヲ論ス」として千ページを越える卒業論文（1916年）に現れている（図1・3）。タイトル通り、その六割が樹形の美的意味を論じ、新島・村山の森林美学に反映されている。つまりドイツと大きく異なる森林構成樹種の違いと解析に重点が置かれ、3年がかりで執筆されたそうである。初年度には、眼球の構造など医学的知見、次年度には美学全般を学び、そして最終年に本論を完成させた、とあった。今の時代に置き換えると博士論文の水準かも知れない。その厚い論文は、図書室の学位論文コーナーの奥に保管されている（図1・4）。

「森林は木材の生産工場であり、森林所有者はそこから最大の収入を得る」、という土地純収益説が少なくても19世紀半ばから20世紀半ばには主流であった。この説から「最も合理的な施業が行われた森林は、最高に美しい」という考えが生まれてきた。事実、森林美学の定義は「施業林の美に関する学である」とされる。しかし、森林美を定義する時にドイツの哲学者であるシラー、ヘーゲル、クラウゼらの影響を無視できない。これらの概要は筒井（1995）の見事な解説があり、紹介したい。

〝シラーは、純粋な愛と神を尊敬する人間に支えられた国家に理想をみて、「技術合理の中に美がある」とした。ヘーゲルは「美しいモノには普遍と特殊、目的と手段、概念と対象が完全に浸透し合う」と論じた。クラウゼは万物在神論者であった。〟と論じている。ここに紹介されているが、神への絶対視と畏敬、そして〝万物在神〟の考えがあり、そこには、当然、巨樹への思いがある。この辺に、多神教を受け入れてきた日本人ではあるが（久保田1997）、キリスト教徒（プロテスタント）であった新島をして、受け入れたのであった。しかし、発祥の地ドイツでは正課として講じられ

図1・5　H. フォン・ザーリッシュの没後90年記念レリーフ（ザーリッシュ教会所蔵）

たが、あまりに哲学的であることから2年程度で閉じられたという。

ザーリッシュは、これらの理論と思想を背景に、樹木の美的価値、伐採・植栽時期、地形・風景の美、林道開設の要件、林内施設の問題点などを考究した。その到達点が、「技術合理による管理のなされた森林は最高に美的である」と針葉樹人工林の施業を論じたのである。この考えは、1885年に出版された「人工林の美学（＝審美）」に記されているという。

4　森林美学の創始者

当然のようにザーリッシュの名前を紹介して来たが、もう少し詳しく足跡をたどりたい。当時はドイツであったポーランド西部にある彼の一家の教会をみると、フォンという称号からも地主貴族であったことを認識できる（図1・5）。実はナチス・ドイツを支えたのが地主貴族層であった。従って、本記述は、合法的に選ばれた国家社会主義ドイツ労働者党（＝ナチス・ドイツ）とはいえ、それを讃えることではない

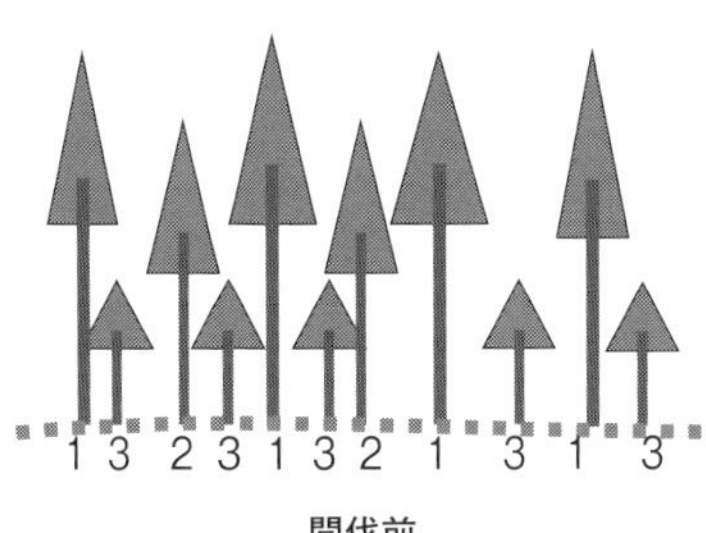

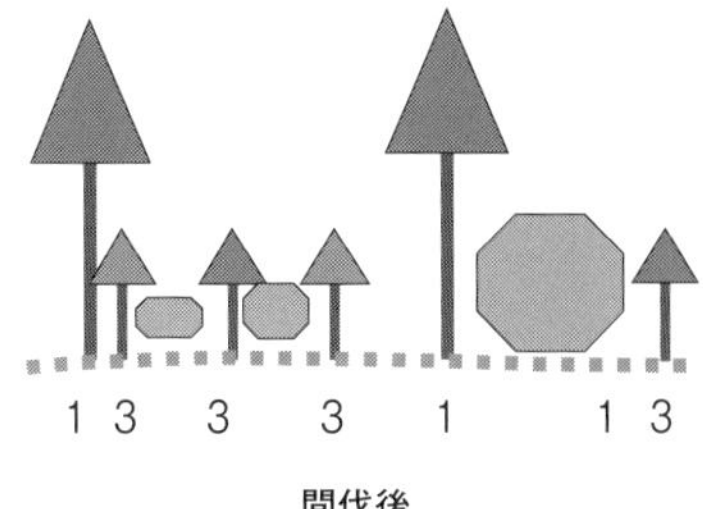

図1・6　ポステル間伐の概念図（小池原図）
1級木：活力のある優勢木、2級木：準優勢木、3級木：被圧木
八角形の図は広葉樹を意味する。

ことを、まず明記したい。ここでは、ザーリッシュの偉大さの根源と時代背景、今も、我々に影響を与える源泉の概要を紹介したい。

彼の著した「人工林の美学」がドイツで注目を浴びたのは、1885年に刊行された本書が、単なる理念というのではなく、祖父から譲り受けた約千ヘクタール（以下ha）の山林の管理を行ってきた内容を基礎にしているからである。例えば、主にヨーロッパアカマツ人工林の準優勢木を間伐することで、野生動物の管理もにらんで、良材を生産し得ることを実証した。彼の森林の所在地であるポステルの名称をとって「ポステル間伐」と呼ばれる方法を提唱している。今でいう上層間伐の一種である（図1・6）。我が国では信州大学演習林に唯一試験林がある（図1・7）。

林分の対象木を上層の優勢木を1級木、準優勢木を2級木、そして下層の更新木を3級木に区分し、主に2級木を伐って広葉樹の育成もにらんで下層木を発達させ、侵入する低木を餌にする野生動物の保全も考える、という内容である。大学院時の指導教員・穂積和夫が開発したNMY法*を基礎に誘導された、ミズナラ天然生林**を対象とした菊

図1・7　ポステル間伐適用例　約20年経過（信州大学農学部演習林）

左：対照区　右：ポステル（風致）間伐　（詳細は、清水裕子 2006）

沢のY・N曲線法からも、林分構造を大きく変える施業法と言える。さらに、生産基盤整備でも再び触れるが、野生動物＝狩猟の獲物の位置づけが、我が国とは大きく違うように思われる。

＊N：積算本数、M：平均材積、Y：積算材積（収量）から、群落の機能量を落葉、呼吸量から推定できる解析法

＊＊天然生林は林野行政の用語である。二次林と呼び、攪乱などの後に成立した森林である。攪乱には人為攪乱を含む。植栽したわけではない森林を一括して二次林、天然生林と呼ぶ。天然林を間伐、択伐したもの、伐採後に成立したもの、山火事後に成立したもの、洪水後に林になったもの、造林地が時間とともに広葉樹林になったもの、山火事後に成立したもの、洪水後に成立したもので、時間が経てば天然林と呼んでいる。

ザーリッシュは「美しい森林は最も利用価値の高い森林である」とした。その理由は、①美しい森林づくりを心がければ経営上の誤りを防ぐこと

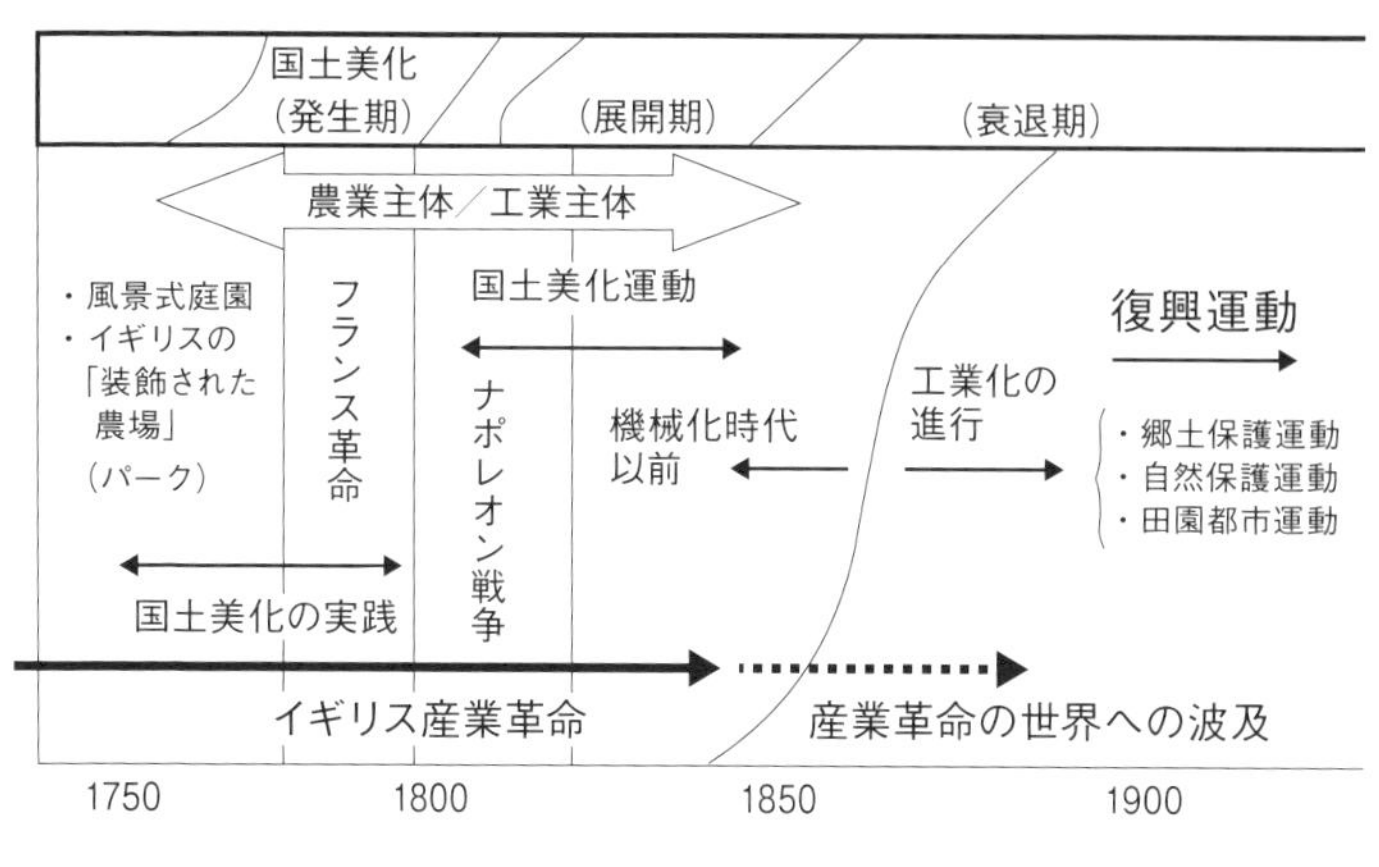

図1・8　森林美学の生まれた背景の想像図（赤坂 2005 をもとに作成）

ができる。②林業技術者にとって管理する林区が美しいことは職務上の喜びを得られる。③美しい森は人間の心に豊かさと潤いを与える。④都市近郊の美しい森林は人間に住みよい環境を与える。この4点である。

言い換えると、経済的に利用される森についての美を認めた。即ち、経済的利益と美の調和（用と功利の調和）を主張したのである。その主張するところは、①純林（同一種の森林）には〝単純美〟、②混交林（針葉樹と広葉樹が混ざった森林）には〝変化の美〟、③規則正しく植林された森林には〝展望の美〟、④多くの樹種の混じる低林には〝色彩の美〟、そして、林内には適切に作業道や歩道を開くことにも〝合目的な美〟を見出している。②と④とは類似の視点かも知れないが、低林に注目している点が、ポステル間伐の三級木の位置づけを意味する。これらの点については後述する。

一方で、現実にはニセアカシアの〝侵入〟がザーリッシュの森には見られたが、郷土になじまない外来種には美を期待できないとしている。すなわち、ザーリッシュは、人間が意識的につくりだす森林美は、樹木や森林に対する正確な科学的知識とその合理的な組合わせ、配列、造形などによって定められているとし、それには自然の道理に反しないことが基礎であるとしている。

ザーリッシュが「人工林の美学」を著した時代背景を考えると(図1・8)、産業革命が進み、林業技術者らも工業労働者として、どんどん都会へ移動していた頃であろう(赤坂2005)。ザーリッシュの「人工林の美学」は、ヨーロッパアカマツを主体とした人工林の整備による「林内美」の創出を提示した。そこに、森林を実際に造り上げるフォレスター・林業労働者へは、同志としてのザーリッシュの〝まなざし〟があると思う。そして造られた森林の風景は、フォレスターへの尊厳の賜でもある(筒井2009)。その風景にこそ持続的森林経営へ導く本質があるのだろう。この点の考察を進めよう。2008年、講義準備をしていたときに、ザーリッシュの「人工林の美学2版」(1902年)の英語訳を見つけた。シュテルプの〝自然林の美学〟と異なり、花文字で記されたザーリッシュのテキストのドイツ語は私には手強すぎたが、英語訳本は難解であっても近づきやすかった。

5 ザーリッシュの「人工林の美学」を読む

余談だが、英訳本にはアメリカ・ジョージア大学・風景計画学のW・クックJr.(図1・9)によって、ザーリッシュの「人工林の美学」の発祥の地の概要が単行本の三分の一に達する長い前置きとして述べられていた。第二版を採用したのは、写真が多用されて見やすいことが理由であった。驚いたが、訳者のはずの彼は、ドイツ語が不自由であり、ドイツからの留学生、D・ヴェーラウによって行われた英訳を修正したと書かれていた。続けて、イギリス式庭園の考えを多く取り入れたというザーリッシュもまた、英語が不自由であった、と記されていた。なんとも不思議な記述であった。後ろ向きだ！　とのそしりは免れないが、なんだか妙に安心してしまった。クックさんは、とても優れた人物だと思う。

図1・9　W. クック Jr.

英語版の刊行は2008年であったが、翻訳はW・クックJr.によると1996年に完成していたそうだ。しかし、出版費が得られず、勤務されていたジョージア大学からの支援もなく、ノースキャロライナの森林史協会からの支援があって、初めて出版にこぎ着けたとあった。従って和訳の本は、正確には、「ザーリッシュ・クックの森林美学」である。

2009年に北海道大学造林学講座開設百年の記念として和訳での出版を目指したが、極めて訳しにくいことに気づいた。今となってはドイツ語よりなじみのある英語とはいえ、1文が1ページに及ぶ文章もあって、日本語に出来ないと感じた箇所が多々あった。その理由は、共訳者でドイツ語の堪能な芝正巳やドイツ文学の岡崎朝美らの指摘にあったが、ドイツ語からの直訳のためであるということであった。日本語版への巻頭言を下さったクック先生からいただいた言葉、「時代も場所もドイツ、アメリカ、日本と異なっても、森林美学が注目される時代背景*が酷似している。求められることは、時空を越えて普遍である」ということであった。

* 森林美学の生まれた時代が抱える問題（経済の低迷、環境の激変、産業革命進行に伴う労働者の偏在など）と酷似していることが訳出の原動力であったという。

6　森林文化論の展開

1955年からの高度成長期を支えた林業基本法が2001年に大幅に改訂された。木材の輸入自由化によって価格低迷が続く森林経営の在り方と経済成長の一方で、損なわれた国民の心身の健全性を担い、国土保全の基礎として森林管理の指針が示された結果である。「国家百年の計は森林管理にある」と謳った文部大臣・松村謙三の「森林百年の大計」の書が、北大研究林に掲げられている（図1・10）。この精神が不可欠であろう。

森林経理学無用論にまで至った戦後の木材生産を主眼とした森林を扱う林学の方針が変わった。

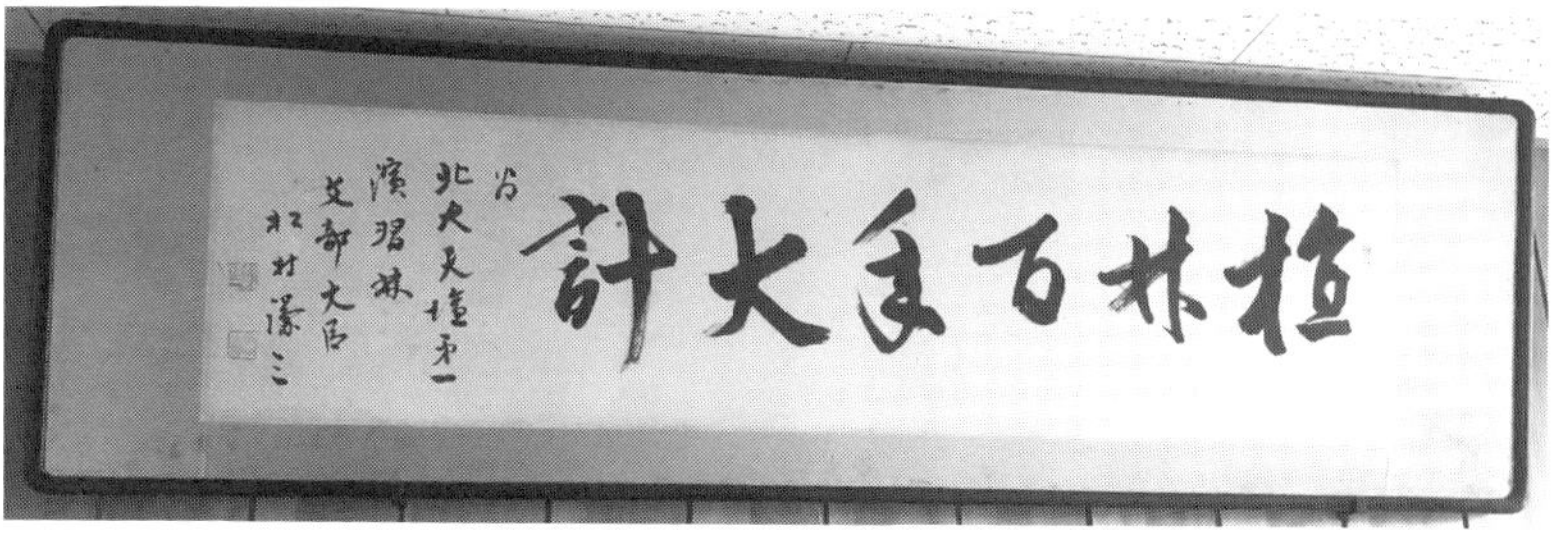

図1・10　文部大臣・松村謙三「森林百年の大計」の書（北海道大学中川研究林提供）

その基礎を構築したのは、東大名誉教授であり多摩美大でも教鞭を執られた筒井迪夫の研究の集大成とも言うべき「森林文化への道」の役割が大きい。森林の多機能、特に環境全機能に注目した論壇を次々に発信され、「森林美学から森林文化論」への道を示した。筒井の方針は「山と木と人の融合」である。古くから我が国にあった森の活用や係わりの事例を集大成し、概念を論理づけた。この形は、W・シュテルプの新たな三角（経済、環境［生態］、美学）（2005）と同様の考えである。

森林美学を巡るエピソードをもう1つ挙げたい。2009年10月のこと。差出人、筒井迪夫の書籍が私宛に届いた。「かつて、北大の今田さんに背中を押された。森林美学は哲学であり、今後、さらに発展させるべき分野である。貴殿の奮闘を願う」という激励をいただいた。筒井は、学部では木材化学を専攻され、その後、林政学へ転向され、東京大学退職をきっかけに「森林文化論」に取り組まれた。その時に、「当時、上京していた今田先生が、筒井が新しい分野＝森林文化論へ進むことを激励された」とうかがった。もちろん、講義録を作成する際には、もっとも参考にしてきた日本語で読むことが出来る論壇であったので、大きな勇気とさらなる指針を賜った。とても大きな激励であった。筒井迪夫の「森林文化研究——山と木と人と森の融合——」は、今も座右にあって、激励し続けてくれている。

戦前、ドイツからの林業を取り入れた我が国では、川瀬善太郎等は木材収益に主眼を置く土地純収益説を目標としたが、1910年代からは、明治神宮の管理の実務を担った本郷高徳らによって森林純収益説も支持された。すなわち、森林は本来、土地と一体のものであり、その地域において森林としての価値が発揮されている場合は、どんなに土地の価格が高くても森林であり続け、継続して保全管理されていく。一方、施業法としては、K・ガイヤーの主張（森林の自然的扱いを主張する造林学の祖）を取り込む努力は行われた。しかし、「森林は木材を生産する工場」を目指す考えが主流であった。1960年以降しばらくは予定調和論（良い林業経営（＝木材生産の森林管理）を行えば、公益的機能も同時に高められるという林業観）を掲げつつも、森林の成長量をはるかに上回る伐採が行われた。

一方、1970年代からの林地狂乱とも言うべき森林の扱いの中で、さまざまな矛盾が噴出した。さらに、都市住民から森林のレクリエーション機能充実への希望も高まった結果、筒井の主張する「森林文化」が充実することになった。その実現には、朝日新聞社が刊行百周年を記念して1978年に設立した「森林文化（森林環境）研究会」が大きな役割を果たしていた。興味深い点は、「経済・環境［生態］・美（社会）」を一体としてとらえていることである。森林美学の今日的意義とは、この三者を一体としてバランス良く、施業を通じて森林文化という目的を達成することになる。

7　マイルとガイヤーの教えと新島善直

図1・11　H. マイル肖像
（写真提供：Thomas Rötzer 氏）

H・マイル（H. Mayr）は、明治の外国人招聘学者であり東京山林学校にて造林学と森林植物学を講じた（図1・11）。私費での訪問も含め日本へ3度訪問し、「ブナ林北限の里」として全国に知られるようになった北海道・黒松内町にも訪れた。H・マイルも感銘を受けたのが黒松内町歌才のブナ林である。彼の弟子の新島善直によって、その後、保護林に位置づけられ、植物学者・舘脇操らの尽力によって保護されたからこそ今がある。H・マイルの教えは、次の言葉になる。

「森林家は森林を愛するものでなければならぬ。森林家は視察力を鋭敏にせねばならぬ。日本の森林は常に林学のみでなく、万有学、普通学に重きを置いて林木と土地気候との関係を明らかにせねばならぬ」（黒松内町 1993）。

彼の教えは、新島をして「いかにして自然を残すか、

図1・12　K. ガイヤー
（写真提供：Markus Schaller氏）

再生するか」と言わしめた。このように、新島らに多大な影響を与えたのは、実はマイルの師であり、造林学の父と言われるK・ガイヤーであった。彼は森林利用学（Forstbenutzung）を9版まで著し、H・マイルは師を助け10版を著した（大澤 1936）。林業工学の考察は専門書（「森への働きかけ」湊克之ら編 2010）に譲るが、木材利用から森林の生産基盤の整備である林道の開設などの指針を示している。「自然にかえれ」と説いたK・ガイヤーは、後述するが、当時のドイツの皆伐的森林の扱いに反対し（山岳地形を主体とするスイスでは受け入れられたが）、森林の自然的扱いを主張した（図1・12）。また、美の要求に従う森林の取り扱いを保存区域に制限した。木材生産を主眼としていたが、森林の画一化を避け、混交林の造成と択伐林を目標とする天然下種更新を提唱した。その意志を継いだH・マイルの言葉は先述のように、弟子である新島善直を通じて伝えられ、森林美学の史的側面を究明した今田敬一によって展開され、A・メーラーの恒続林思想へ至った（今田 1934）。

2章　今日的意義

1　ドイツでのこと

発祥の地、ドイツではとっくに閉じてしまった森林美学が、なぜ、遠く離れ、気象も植生も違う極東の北海道で、百年をこえても継続されているのか、ドイツの友人らには不思議に思われた。若い友人、M・シャラー（森林保護と環境政策：穿孔虫の研究から野生動物管理の政策を専門とする）は「我々は、その名称〝人工林の美学〟は知っているが、ドイツではどこも講じていない」とした。そして林学の祖とされるH・コッタの継承者を自称するミュンヘン工科大のR・モザンドルからそのことへの質問を受けた（彼はコッタが開設したエーデスバレデ高等山林学校、後のドレスデン工科大学の一部で造林学を講じていた）。しかし、その場では即答できず、その理由を説明するため北海道の森林の写真数枚を送った。森林植生の優占種が中欧に似ており、森林への接し方の理念を示しているからであるという〝怪しげな〟私の返信に、彼は納得したようであった。

前後するが、講義を担当したのは２００６年からであった。この科目の講義の形は、なんとか造ったが、自信は無く、教壇に立った。そうすると、「お前には、誠実さがないのか！」と声が聞こえた気がして振り返った。肉体から分離した自らによって叱責されたのだ。そこで、M・シャラーに〝窮状〟を訴えた。彼は、「シュテルプの本は、ドイツでは売れている本だけど、講義の役に立つかどうか解らない」と言いつつも、２００５年にミュンヘン大学（現在は工科大学）の卒業生のシュテルプが、ザーリッシュの「人工林の美学（＝森林美学）」を現代風に改訂して執筆した「自然林の美学」の存在を知らせてくれた。早速、取り寄せたが、何せ、20年あまり使っていなかったドイツ語は、1ページ読むのに2時間以上かかってしまい、概要をつかむのに1年あまりかかった。しかし、同じ専門分野の友人らが、２００７年に別件でミュンヘンへ招へいしてくれた。そして、著者のW・シュテルプと会うことができ、3時間にわたって個人レッスンを受けることが出来た！

こう書くと何だか、その成果を紹介できるように期待されるであろう。しかし、彼は「ドイツの自然保護のために一肌脱ぎたかった！　そこで州の森林管理局長を早期退職して、大学へ通って本を書いたが、収入、生活を考えておらず、度が過ぎた！」というような話を延々とした。でも、これで彼をとても好きになった！　毎年、彼のカレンダーを取り寄せている。「せっかくなので、もっと学問的なことを話したい」、と申したところ、「おい、小池、バイエルンの山へ行こう！」と誘っ

図2・1　ウレタン座布団をとりだした W. シュテルプ

た。喜んで、一緒にミュンヘン工科大学に隣接した州有林を歩いた。平坦だが、数々の施業の施されている〝散歩道〟を黙々と歩いた。2時間ほど歩いて汗ばんできたところ、倒木を前に、彼がリュックから何やら出してきた。10月も下旬なので、熱いコーヒーを期待したら、何と、出てきたのはウレタンの敷物であった（図2・1）。

「さあ、座ってくれ」とウレタン座布団を貸してくれた。「ところで、森林美学だけど、何を意味しているのか?」と質問した。すると、彼は「だまって座って森の声を聞け、ほんの5分で良い!」。丸太に腰掛けて目を閉じた。10分ほどであったが汗が引いていく感じが心地よかった。シュテルプは「林冠の葉の擦れる音、落ち葉の音、落ち葉を歩く虫の足音などの森の音に耳を傾けろ」と説いた。そして森林美学の理解のためには、森に抱かれる感触を大切にする様に、五感で感じる森林美を説かれた。そう言えば、齋藤馨の取り組みにもあるが、音の文明（大橋 2003）が注目されている。その後、彼は無口で、再会を約束して別れた。しかし、なんだか、森林美学はますます解らなくなった思いに駆られた。

シュテルプとの体験をもとに森林美学の目指すところを考え、次に今田敬一の言葉に私見を括弧で加えた。冒頭でも述べたが「(前頭体が司る)学問は分析・解析の道(=景観工学)であり、(扁桃体の活躍する直感でも認識する)絵画(=森林美学)は総合の道であり、北海道の風土の中で育てられた私(=森林管理)には、どちらも必要である」。ここに、森林美学の本質があるように私は理解している。

【コラム2】 シュテルプの「自然林の美学」

本の巻頭には、W・シュテルプの執筆の理由が述べられている。本の表題も人工林の美学ではなく、自然林の美学であり、副題は、「森林科学、自然保護、人間の魂のための自然林の美学」とある。「経済の巨大な変動の中では、美学は副次的なものとみなされるだろう。しかし、グローバリゼーションや合理化のスパイラルが進む中で、我々の森林政策・経営的議論に新しい論点が必要である。学問は自由であり、感情には左右されないので、それらは熱狂を呼び起こさない。一方、森林と自然保護への思いは多様なので、そこには情熱が必要である」(Stölb, W. 2005)。著者はミュンヘン大学で林学を学び、ながらく南ドイツ・バイエルン州の森林官を務めたが、早期退職して、組織替えで環境科学の一部に再編された森林計測学分野に3年あまり通い、本書をまとめ上げ、第二版まで刊行した。

(小池孝良)

3年後にW・シュテルプと再会した。私はミュンヘン工科大学のサマースクールのメンバーとしてであった。その時、M・シャラーは、サマースクールで森林美学の話題提供の時間を20分くれた。

その後、日本からの参加者5名はシャラーとミュンヘン大学演習林を歩いた。まず、驚いたのは森の教会へ案内されたことであった。平地の多い農地と林地が混じる場所に、こんもりしたオークの林があって、清められた直径8m程度の空き地が設けられていた。そこへのお参りに先立つ「儀式」があった。一般的かどうか解らないが、仰天したのは、林内を案内してくれたシュテルプのバン・タイプの自家用車の後ろには、ミニバーがセットされ、チーズ、クラッカー、サラミ、そしてドイツワイン（やや甘い）が用意されていた。下戸の私は「飲めない！」というと、「飲め！これから森を歩くから」と言われ、御神酒みたいなものかと理解して、〝なめて〟いただいた。

図2・2　ミュンヘン郊外の森の中の教会

森の中の小さな教会（図2・2）へのお参りを済ませた後で、参加者の伊藤勝久が、「この場所は、気の集まる場所か！」と聞いた。シュテルプは「そうだ、スピリッツ（魂）の集まる場所だ」とのこと。ここで、私の理解では、キリスト教は神とヒトとの契約であり、その根底には、選民思想があって、キリスト教徒は特別な存在である、という姿勢を感じて来た。一方、仏教では、いわば、各々が悟りを開くことと理解している。しかし、原始宗教のような自然に対する畏敬の念が、洋の東西を問わず、宗教にも関係なく、存在するのかも知れない、と感じた。この考えが間違っていないと思ったのは、巨樹への接し方には共通点があると感じたことにある。ここはまた述べる。

次に、森の朽ちた教会を訪問したのは、上述の友人、M・シャラーの案内による。先に述べたバイエルン州有林の一角に、やや茂った場所があった。小道があるので入っていったら、そこは、森の中の教会であった。彼が花文字ドイツ語で書かれた墓標を読んでくれた。20～30才くらいの女性が多かった。欧州における黒死病パンデミック（世界的流行）の、主に16世紀の方の犠牲者の墓標がその教会にはあった。出産後の肥立ちが悪く体力が無くなって、病に真っ先に襲われたのではないか、と彼は説明してくれた。ここで、グリム兄弟のヘンゼルとグレーテルの話を思い出した。幼子の口減らしの場所としても森林が使われたのである。また、日本でも映画「楢山節考」で紹介されたが、60才を越えた年寄りには「お山へいこう」という風習があったことを思い出す。年老いた母を山へ背負っていく息子の姿に絶望を覚える。「歯が丈夫であるとよく食べることから、石で歯を砕いた」という話が、百年前には現実であったそうだ。医療が発達して寿命が伸びたことはめでたいが、いろいろな問題が山積みであることも事実であろう。奥山が、うっそうとした森林が、不気味な印象を抱かせるのは、この様な所作の記憶かも知れない。

図2・3　ポーランド・ポツナン森林文化協会

2　「ザーリッシュの森」と見所

2011年、国際森林年を記念して、ザーリッシュの活躍の場所、ポーランド西部の町ポツナンにある森林文化協会の会議に招待していただいた。会場は、なんと古城の敷地を利用した記念館であった（図2・3）。驚いたが彼の地を代表するバイソン、オオカミなどが、のびのび暮らす動物園も備わっていた（図2・4）。予算はどこから来るのかと余計な心配もした。

この会議で要望されたのは、日本の森林の歴史の紹介、いわゆる通史のことで、準備に正味1か月を要した。主にC・タットマンの訳本、「日本人はどのように森をつくってきたか」を参考に25分の発表用資料を作成した。発表後、ポーランド森林管理局の方が、第二次大戦前に、おそらく林野庁（内務省管轄かも知れない）からDakaiが、ポーランドの森林管理を学びに来ていたので、足跡を知りたいと言わ

図2・4　ポーランド・ポツナン森林文化協会内の野生動物飼育所

図2・5　ザーリッシュの森公園への入り口

左：ミリッチ森林管理署署長　右：J. ビシュニスキー・ポツナン大学名誉教授（国際森林年の催しの主催者）

れ探したが、不明であった。なお、あの近衛文麿も訪問している。

その後、この集会のハイライトとも言うべき「ザーリッシュの森」公園へ、ミリッチェ森林管理事務所の面々と訪問した（図2・5）。地元の名士と言うことで、ポツナン大学森林保護学科では、2010年には没後90周年国際会議（図1・5）、2011年の国際森林年では、いわば、お墓参り会を開催し、今も関連出版物を収集している。先祖伝来の

図2・6　H. フォン・ザーリッシュの墓標へのお参り

森林内の自宅の跡地、巨石を利用した林内美の創出の場所、林道跡などに囲まれて墓石はあった。一同で灯と花束を捧げ、その偉大な魂に触れたことは、感動とともに今も心にある（図2・6）。ザーリッシュの森は、今は、市民公園になっており、彼はあまり評価しなかった外来種も含む見本林も存在していた。印象的だったのは、3本のオーク、オークの並木（口絵）、遠近法、混交林化の試み、そしてヨハンナの塔とそこからの眺望であった。次に、個別にザーリッシュの森を少し見よう。

ドイツの著名な学者達、ロシアと地元の森林管理署の面々と、まず訪ねたのが、3本のオークであった。ここで、林学の祖、H・コッタに影響を与えたという詩人としても有名なゲーテを無視できない。片鱗はエッカーマンとの対話で述べられた言葉に根底がある。それは、ミュンヘン大学のK・ガイヤー*をして「自然に習え」と言わしめた原典でもあろう。すなわち「私は自然と交わることが好きだ。なぜなら自然は常に正しく、間違いがあるなら、それは人間の側にある」との名言であろう。情緒的としてドイツ古典主義の代表とされるゲーテの活動にはロマン主義影響も否定できないとされた。その心を動かしたという3本の

図2・7　ザーリッシュの森公園の3本のオークと「墓標」

オークの木。そのゲーテが真（まこと）を見たというシルレルの絵にある3本のオークのモデルは、2011年時点で、残念ながら1本が枯れて〝墓標〟が立っていた（図2・7）。A・レーマンの言うドイツ人のオークとして、ナチス・ドイツのことを考えているのかと思ってしまった。この点は時代背景の紹介のなかで、再度振り返ろう。

＊「すべての造林作業は自然法則的思考の上に築かれなければならない。作用力が継続し、しばしば大きな地域の変更の基礎となるところでは、型にはまったものほど弊害となるところはない。造林は地方官の仕事である。地方官の美徳は、その仕事の目的が現在ではなく遠い将来にあるという忍耐と意識にある」とした（牛尾・鈴木 2012）。この言葉には、本当に勇気づけられた。

次いでオークの並木。オークは森の王と言われ、その後、生命力や長寿の象徴として、ドイツ人のシンボル・

図2・8　遠近法を利用した林道の開設と保全（ザーリッシュの森公園にて）

ツリーとされたオークの堂々たる姿に、並木設定当時のザーリッシュの思いが伝わる。その並木を抜けると、いよいよ、技法を駆使したという遠近法による林道造りの場所が眼前に現れた。あまり広いとは言えない経営林を広く見せようとする試みは、遠近法など、目の錯覚を利用している（図2・8）。突然、ドイツ人の教授らが早口で語り始めた。入会権を整理したB・ダンケルマンの影響があるという主張であった。ヨーロッパトウヒの小型林分でも、3m幅の筋状ではあったが、ヨーロッパブナを植え込んでさらなる混交林化を試みていた。通常であれば、耐陰性があって成長の遅いブナを植え、その後、幹を通直するためにも後からトウヒ類を植え込むと聞いていたから、ちょっと奇妙だった。

ザーリッシュの祖父の手によるという、主に狩猟用の物見のタワー〝ヨハンナの塔〟へも、はるばる来た外国人と言うことで、登ることが許された。内部は意外に美

図2・9　ヨハンナの塔と内部の状況(ザーリッシュの森公園)

しく百年の歳月は感じなかった(図2・9)。らせん階段を上って屋上からザーリッシュの森の林冠を見下ろした。その印象は、北海道大学苫小牧研究林の林冠ゴンドラから見た二次林に酷似していた。相違点はザーリッシュの森では、ニセアカシアが優勢であったことである。奇異に感じたのは、ザーリッシュは外来種の導入には消極的であったはずで、大きさからは、20年生程度あったので、最近、植栽したと思われた。いずれにしても、ザーリッシュが意図していたように、広い意味での混交林化が進んでいた。

中欧の森林は、かつて人間がオークやブナの優占した森を利用し尽くしてきた結果、荒廃地になった。そこを人間が針葉樹の森として再生し、森林管理の先進国となったドイツの人々(杉野2008)の姿を思うのである。

3章　森林美学の基本法則

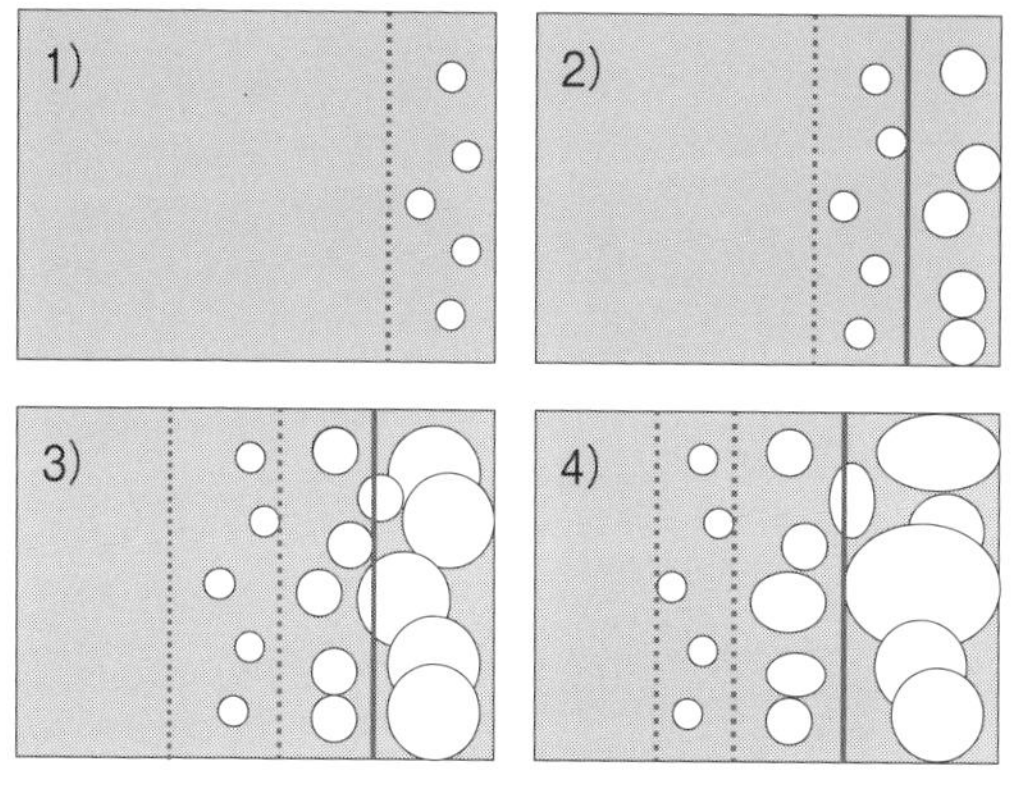

図3・1　天然下種更新の進め方(組織図)
1)～4)の順番に伐採を進める
初め陰樹と、後に陽樹を更新。
陽性の母樹を残し、更新稚樹に陽樹が少ない時、植栽も行う。

1　空間的規制

ミュンヘン工科大学造林系の研究者によると、空間的規制とは、本来、天然下種更新を意味する用語である。その内容は、風向を考えて伐採・収穫を行い、母樹から供給されるタネが収穫跡に芽生えをつくり、それらの成長によって森林再生を期待する(図3・1)。日本でも導入が試みられたが、特に東北や北海道の多雪地帯では、林床を被うササ類による被陰のために(図3・2)、天然下種更新による施業法の成功例は極めて少ない。

図3・2　ササの被う林床(左：摩周湖外輪山第３展望台直下、右：ササの花)

では、C・ワグネル(ワグナー)の唱えた空間的規制の内容は何か。彼は、「自然の声に耳を傾けよ」と主張し、森林を択伐林型と同齢同種の一斉林型の2種に分けた。この2つの林型は対立関係にあり、調和させるためには、より高次の「森林の空間的秩序づけを必要とする」とある。この秩序づけに糸口があると思った。しかし、W・シュテルプにこの意味をたずねると、「〝秩序づけ(Ordnung)〟は、〝整理整頓は人生の半分〟というドイツ人の気質からくるものなので、深い理解は難しいよ!」と言われた。それでも、ここを理解しないと先がなく、文献を探し回ると、森林文化論を推進された筒井迪夫の解説に出会った。解りやすい内容なので、以下に紹介する。

C・ワグネルの「秩序づけ」は、以下の内容と理解できる。すなわち、①土地が最適であること、②樹種が混交した森林構成であること、③生育条件が環境に適応していること、④災害からの保護が十分であること、⑤搬出路などの技術組織が整備されていること、の5項目である。ここで、①と③は、ほぼ同義であり、かつて日本でも目標とされた「適地適木」の考えであろう。拡大造林の時代には、全国各地での土壌調査が実施され、その結果から立地が探られた。木材生産による収益のみに焦点をおいた森づくりでは、それでも自然の摂理にそむく面もあって、病虫害、風害、その他の気象害などに弱くなる傾向があった。次に、順を追って内容をみてみよう。

2　秩序づけの具体的内容

ワグネルの提案する上記5項目について、その事例を紹介する。内閣府～林野庁が1980年頃から約5年間隔で調べてきた「国民の森林への期待」に関する調査から、京都議定書以来、二酸化炭素の固定・貯留機能（＝成長と蓄積）が、ほぼ10年以上に渡って上位3位以内を占めている。岐阜県での調査例であるが、①と③が端的に現れる事例を紹介する。本州を代表する造林樹種3種（スギ、ヒノキ、アカマツ）の成長と現存量の比較が、適地適木の結果を雄弁に語る（図3・3）。昔から「尾根マツ、沢スギ、中ヒノキ」と言われ、樹種による養水分の要求性を反映した植林が行わ

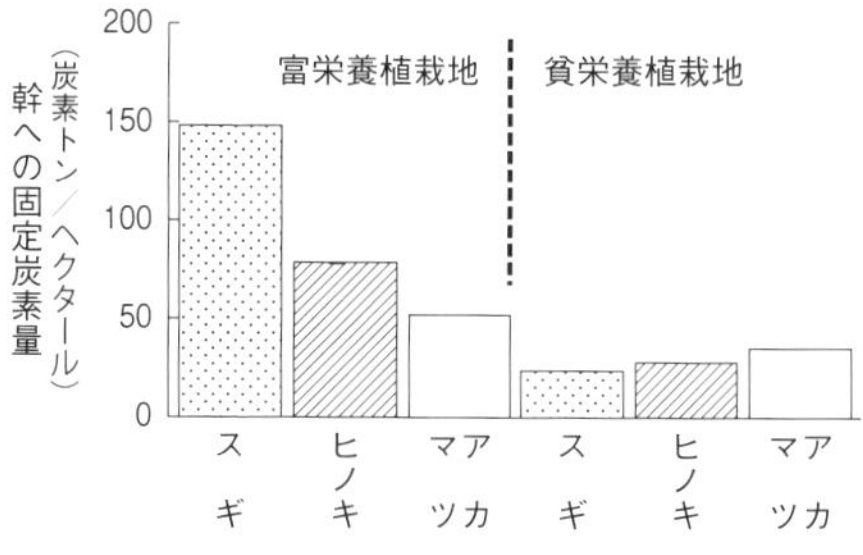

図3・3　本州を代表する造林樹種三種（スギ、ヒノキ、アカマツ）での20年後の成長と炭素固定量の比較
（渡邉仁志 2003, 山林 1432：13-20 から作成）

れて来た。しかし、いわゆる適地に植えることが出来なかった場合、スギの例のように成長・炭素の貯留能力は極端に落ちる。

樹種の混交した森づくり②は、森林美学の発祥の地、ポステル（現在のポーランド西部）とドイツ中南部、そして北海道でも進められている。これらの地では、特に１９９０年代から主に冬季の突風、日本では台風のために針葉樹一斉林型の人工林が壊滅したのであった。ドイツの近自然森林管理を実践してきたというゲルトリンゲン男爵の名言「時代が変わると価値観も変わる。将来、どの様な樹種が好まれるか予測は難しい。様々な樹種構成の森林を持っておいて、その時代に必要な樹種を出荷すればよい！」とある。この様な視点は、古くから宮城県鳴子の森では実践されてきた（清和　２０１３）。さまざまな樹種の特徴を活かした工芸品造りが長年行われており、収穫時には手間暇はかかるが、混交林からの希少な材に付加価値を付け、家具材の提供など高度利用の魅力も紹介されている。この誘導方法に関連しては、さらに後述したい。

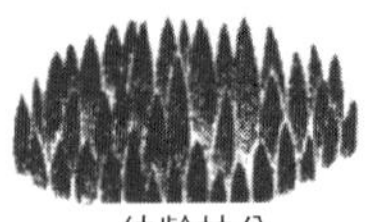

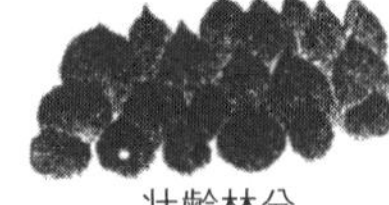

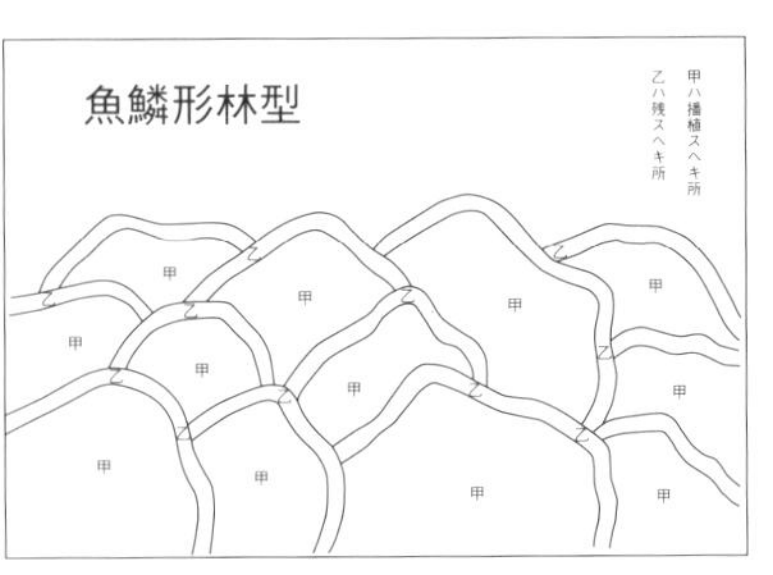

図3・4　蔡温の山気論の一例
（中須賀 1997から引用）

災害からの保護機能④を考える時、沖縄、本州西南部では台風に対する備えが最も気になる点であろう。かつ

図3・5　北海道南部に位置する「亀甲造林」試験地（写真提供:小野寺賢介氏）

て、琉球大学の中須賀常雄らによって現代語訳されたが、17世紀、琉球王朝で「林政八書」という森林管理の指針を著した蔡温（さいおん）の「山気論」がその原典とも考えられる（図3・4）。当時、琉球王国としての独立性を保つために、森林資源管理は不可欠であった。その要点は、主風に向かって開口部をつくらないことである。おそらく同様の考え方は、九州大学北海道演習林に設けられ、造林学の佐藤敬二、森林管理学の今田盛夫らが展開した「細胞式舌状造林法」が、その実践例であろうと考えている。また、北海道南部では虫害発生を抑えることも加味した「亀甲造林」が行われ、広葉樹の林帯にある枯死木に営巣する鳥類による〝パトロール〟が害虫の大発生を抑制しているという（図3・5）。この点こそが、新島が留学して導入した成果が反映された例であろう。

搬出路などの技術組織の整備⑤は、国産材での自給率50%を目標に2010年頃から生産機能の効率化という視点で注視されている。かつて人工林の美学の実践の場であったザーリッシュの森は記念公園になっている。そこには今でも路網の整備などの痕跡が各所に見られる。特に、木馬道（きんまみち）跡には、滑らかな石を敷き詰めた道があって、伐採された樹木の運搬に配慮が行き届いていたことがうかがえる。直線好きのドイツ人は曲がった道を好まないそうであるが、ザーリッシュは、野生動物の保全のために、林道の曲線の役割も説いており、現在でも、森林管理の考えは、バイエルン州の森でも生きている。この辺は、〝純粋な〟林業工学とは異なる視点から後述したい。

3　銘木を生む立地とは

ミズナラ、ブナ、ケヤキなどを除いて、落葉広葉樹林の保育などに必要な基礎情報は依然不十分であるが、これまで見てきた生育特性を基礎に、放棄された感のある広葉樹二次林から銘木を生産する条件を考えてみたい。林業の現場で長年に渡って広葉樹を見てきた先人達、古老の言葉には的確な情報が含まれる。有用とされる樹種は45種にのぼるが、その中で銘木として高価格で取引される5木（通称名＝和名：まかば＝ウダイカンバ、なら＝ミズナラ、あかだも＝ハルニレ、たも＝ヤチダモ、せん＝ハリギリ）の生産環境を見よう（図3・6）。

木材理学（解剖学）の石田茂雄と造林学の高橋邦秀（1989）によって、北海道森林管理局と共同で、山子（やまご）さんと呼ぶ造材の専門家から、銘木の生まれる立地の言い伝えを集め、「北海道樹木語録」として集大成された。この中から、いくつか紹介したい。

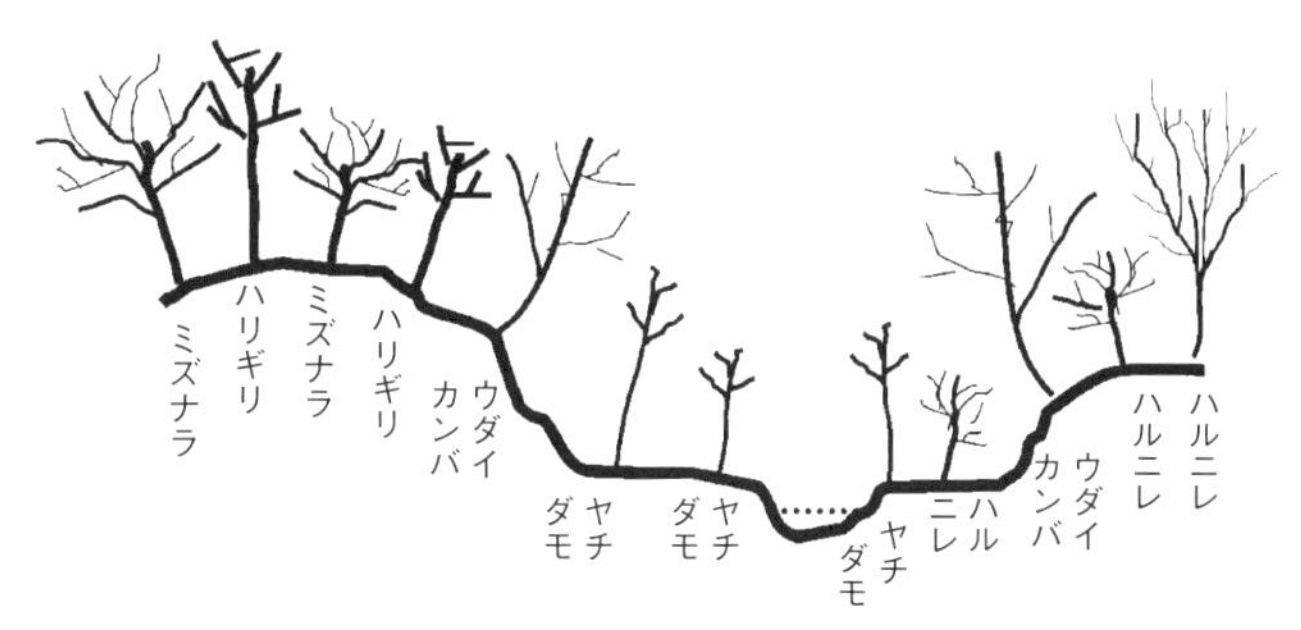

図3・6　北海道の代表的広葉樹の生育地の模式図（小池 2013から改作）
破線は水面を意味する

「古老の言い伝え」とその造林学的意味（表記は「言い伝え」：理由の順）を次に示す。「山火事後に再生した広葉樹には腐れが多い」：根元や幹に障害があり、そこから菌類などが侵入して腐朽が進み、見かけは良くても木材としての価値はない。「南向き斜面の木には腐れが多い」：冬季でも強い日射によって幹の温度が上がり、融解・凍結を繰り返して凍裂が発生し、菌類が入り込んで腐朽が進む。「針過混交林の広葉樹は質が悪い」：多くの広葉樹は広い生育空間を必要とするが、針葉樹林内では広葉樹は十分な樹冠を形成できないため良材を生産できない。「北向き斜面の広葉樹には良材が多い」：凍裂が少ないことに加え、多くの落葉広葉樹は常緑針葉樹であるトドマツやエゾマツ類に比べるとより強光を利用する。このため北向き斜面では散光（反射光）成分が多く、成長が抑制気味になるので、年輪幅が比較的狭くなる、等がある。「マカバは北向き、針葉樹の多い山、崩積地に出る」：温度差が小さく幹の凍裂もなく、針葉樹（常緑）が多いと大きな樹冠を確保できなくなって、葉量が少なくなり、それを支える辺材の割合が少なくなっている。養水分が豊富で通気性の良い土壌は地滑り多発地の崩積地だからである。「樹皮が白樺っぽい個体はメジロ」「樹皮が白いものはメジロ」：成長が速いため、樹皮の寿命が下がって交代が早く、白っぽく見える。

【コラム3】　マカバとメジロ

メジロ（カバ）は木材市場関係での呼び名であり、植物学的には存在しないが、利用面を中心にマカバ、マカンバ、メジロという名称が未だに混在している。ウダイカンバの中でも心材の割合が約85％以上に達するものを木材業者は「マカバ」と称し、その色合いも重視される。一方、心材割合の小さい個体のことをメジロと俗称する。また、シラカンバやダケカンバを「雑カバ」と利用面から呼ぶ。木部の水分通道を担う部分を辺材と言うが、マカバはその割合の小さい個体を指すことになる。従って、辺材部の広い個体は葉量が多く、成長、樹皮の脱落・入れ替わりが速いが、このような個体はメジロと俗称される。メジロは心材の比率が小さく価格は低い。マカンバはチョウセンミネバリを意味し、ナガバノダケカンバとも呼ぶ。近年、加工技術が発達し、マカバの代替えとしてダケカンバも重用されてきた。単位面積当たりの収量を考えると、辺材割合が小さい（＝葉量が少ない）ため成長に200年あまりの年月を要するマカバより、葉量が多く成長の速いメジロではマカバと同じ太さに達する場合、約120年と短い。今後、材質の多少の差はあろうが、メジロを育てる方が有利だと思われる。なお、ウダイカンバは細かな道管が木部一面に分布する散孔材である。

【文献】

小池孝良（２００９）（収録：北の森づくりQ&A）、１５４～１５５、北方林業会

Tabata, H.（1992）（植物地理分類）43：１２５～１３４

水分通道に関連して、開葉時期と木部構造は実は密接に関連している。既に１９５２年に、デンマークの研究者が多種の比較から傾向を示した。しかし、風土の異なる地域でも同じく見られる現象であろうか。この辺の話題は、次のコラムを参照されたい。

（小池孝良）

【コラム４】 葉っぱを支える幹のひみつ

森林景観は、林冠（キャノピー）を構成する樹木の葉の時空間的配置で大枠は決まる。平安時代から故郷・京都の北部を舞台にしてきた伝統ある北山林業に針葉樹だけの景観があって、観光資源として生産過程を見せるという演出も心憎い。しかし、里地里山としての役割にも注目が集まり、清和研二著「多種共存の森」によって、その重要性が身近になった。生物季節（フェノロジー）である開葉から落葉までのキャノピーの動きに目を奪われがちだが、それを支える幹の活動には思い及ばないことが多い。葉が開くときには根から枝葉まで水揚げは始まっているのだろうか？ あんなに高いところまで、どうやって水を運んでいるのだろうか？ 葉の出方・落葉時期と、その活動を支えている幹の活動は、どのくらい対応関係があるのか？ 四季のはっきりしている冷温帯に生きる樹木が持つ葉のフェノロジーと

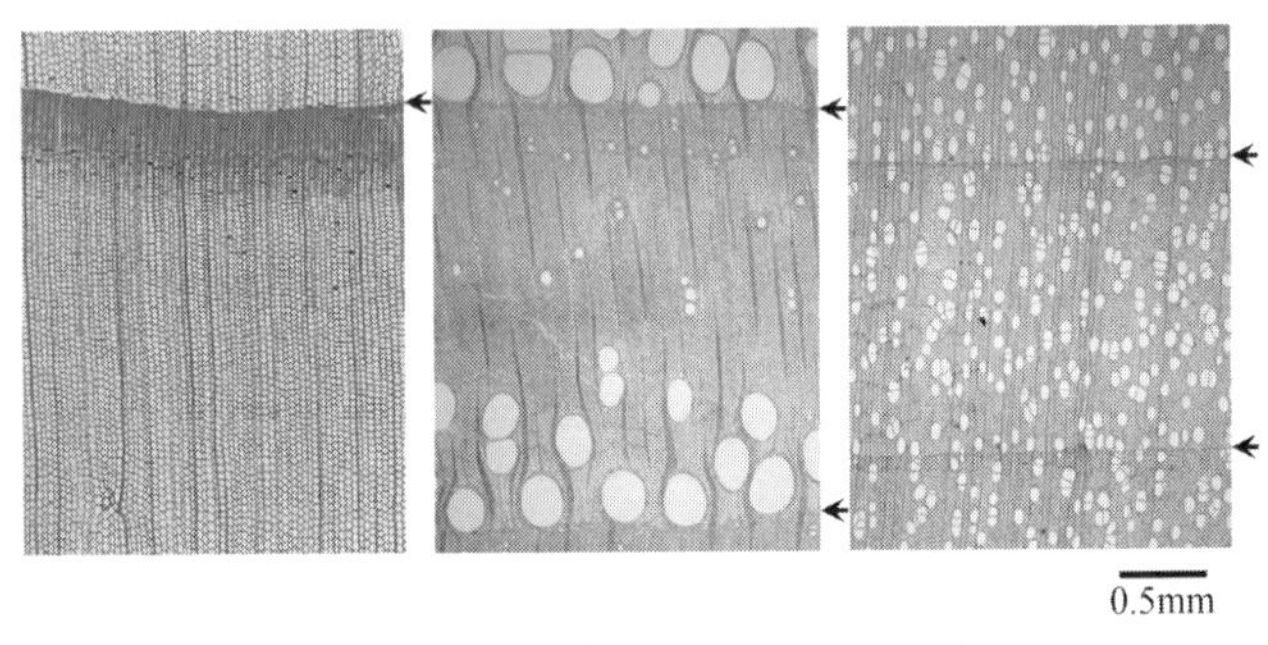

図1　3つのタイプの木部

広葉樹の白丸で抜けている箇所が道管、針葉樹の全体に細かく白く抜けている細胞が仮道管、矢印は年輪界を示す

幹の構造・機能に魅せられて、その謎に迫った。

混交林は見たところ、老いた木と、老いて見えるが若い木から成る。この言葉は天然（生）林を構成する樹木を言い当てている。山の手入れをするにしても、よく太らせる方が本当に良いのか？　もちろん各樹種にはそれぞれ利用方法があるので、木材にしたときの美しさを醸し出す多様な年輪構造には、自ずから注意が向く。

樹冠を支える幹の内部は、大きく3つのタイプの木部から成る（図1）。針葉樹は仮道管（水分通道と樹体支持を担う）から構成される木部を持ち、広葉樹は水を運ぶ太い道管が年輪に沿って並ぶ環孔材と、細い道管が木部全体に散らばる散孔材に大別される。この幹内部の道管の並び方の違いが、葉を開き、枝や幹を太らせる時期の違いと深く関わっている。道管の発達は樹冠上部から始まる。環孔材樹種は春先に開葉と同時に枝から幹まで道管を形成し始めるが、散孔材樹種は開葉時に枝の道管を形成し始め、その数週間後に幹の道管を形成し始める。その後も、環孔材樹種は葉が拡大するまでに幹の太い道管を形成するが、散孔材樹種が幹の道管を形成し始めるのは葉が拡大した後になる。環孔材樹種は葉を展開している間に太い道管を形成する樹種が多く、葉を形成し終わると細い道管を形成することから、葉と道管の形成を同期的に行っていることがわかる。概して環孔材樹種の開葉は遅い。北米での観察結果では、太い道管内部が凍って溶けるのに時間がかかるという主張がある。道管が太いと水を運ぶ速度は速いが（道管径の4乗に比例するという）、エアーシーディング（気泡）が繋がって道管内部の水柱が切れることが多い。その空間を柔細胞が直ちに埋める（チロースと呼ぶ）。このため毎年道管を造ることになる。日陰などで成長が悪いと道管の比率が上がって幹の強度が低下し、釘が効かなくなることもある。一方、散孔材樹種は年輪幅に関係なく強度が一定である。針葉樹は年輪幅が狭くても太くても強度は低下する（図2）。このような特徴を知らないと、せっかくいろいろな樹種を育てても、利用時に困ることがある。

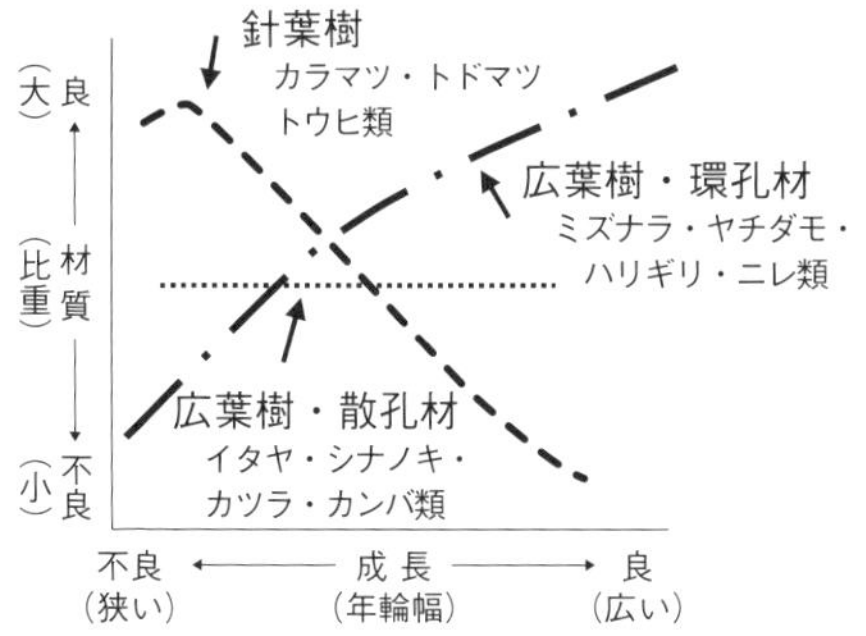

冒頭に出てきた北山杉の山林は、京都市北白川にある大学から芦生研究林へ美山方面から移動すると車窓から見ることができた。密植された北山杉の景観、樹冠だけでなくまっすぐな細い幹が整列する美しさには圧倒される。葉の量が増えると幹が太るため、枝打ちで葉を少なくして幹の太りを遅くしているので、このような景観になる。その杉の中のいくつかは磨き丸太として建築に使われ、またいくつかは立派な絞りが映える床柱

図2　針葉樹と広葉樹の成長と比重の傾向

となり、いくつかは大きな家屋の前庭にその細いまっすぐな幹と絶妙な配置の丸い杉玉状の葉で調和する。生産過程から利用されるまで、自然と人の手で作り上げられた美しさは、まさに森林美学を体現している。

【文献】
清和研二著(2013)「多種共存の森」、築地書館
Takahashi, S., Okada, N. *et al.* (2013) *Ecol. Res.* 28, 615–624
高橋さやか(2016)「落葉広葉樹の葉の展開と道管の形成時期の関係——樹木の適応様式の違いを探る——」森林技術、887、28〜31
Kudo, K., Yasue, K. *et al.* (2015) *J. Wood Sci.* 455–464
Takahashi, S., Okada, N. *et al.* (2015) *Botany* 93, 31–39
Takahashi, S., Takahashi, E. (2016) *IAWA J.* 37, 16–27
Takahashi, S., Takahashi, E. (2021) Plants 2021, 10, 100. https://doi.org/10.3390/plants10010100

(高橋さやか　島根大学・生物資源科学部／現所属　大分短期大学・園芸科)

環孔材のミズナラでは、成長があまり旺盛だと春材の割合が増え、道管の割合が少なく極めて堅くなるため、通称イシナラという。ミズナラは家具材にも重宝されるが、イシナラになると曲げ加工ができず乾燥も難しいため、やや成長が抑制されるくらいの方がよいと考えられる。樹冠内部か

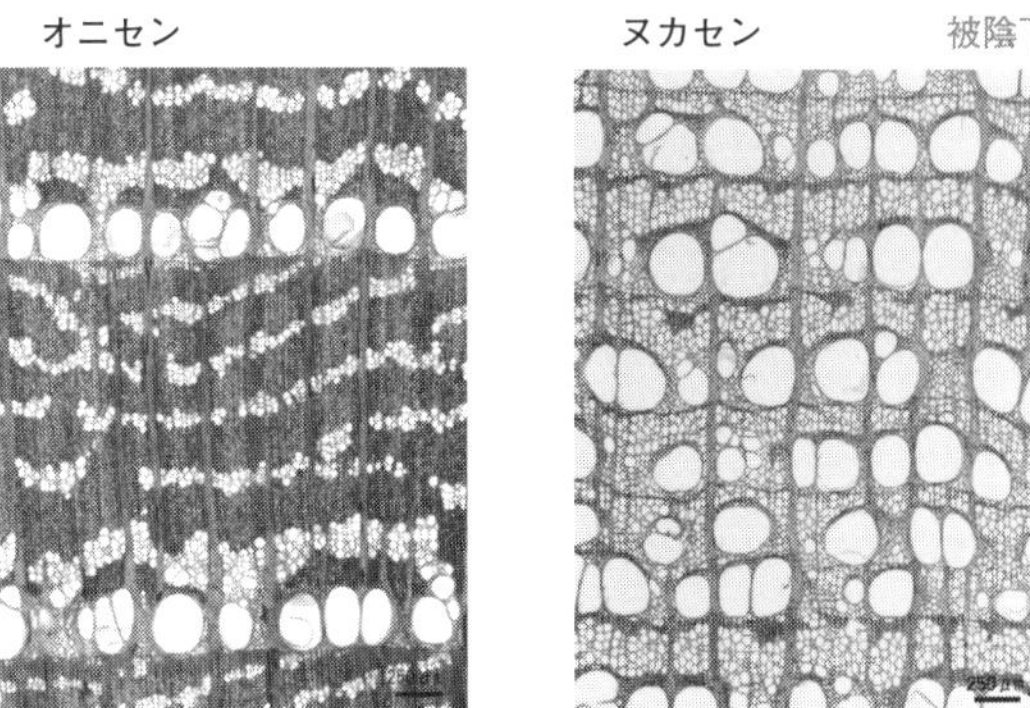

図3・7　「オニセン」と「ヌカセン」の切片（写真提供：渡邊陽子氏）
横棒：250μm
被陰下などで成長の悪いハリギリ（セン）は、道管の割合が大きく、強度が低い。釘が効かない。

ら紅葉する場合は二度伸びもできる成長がよい個体である。ハリギリでも成長の良い個体は、オニセンと俗称され堅いため加工が難しい（図3・7）。しかし、成長が悪い個体では、道管の割合が高く成りすぎて釘も効かなくなるためヌカセンと俗称される。

ここで、両樹種は環孔材で、太い道管をもつため通水能力は高いが、道管の中に水切れが発生しやすい。空洞化した道管内に周辺からチロースという柔細胞が直ちに侵入して道管を塞いでしまう。このため毎年道管が更新されるので、成長が悪い個体では木部の道管の割合が高く、強度が低下する（コラム4参照）。従って、ハリギリでは、成長とともに広い生育空間を与える必要がある。成長が悪く長枝の発達が無く、短枝が多い個体では樹冠は先端から色づくので、長枝の発達を促す必要がある。

4章　森林の風景保育

1　森林美学と景観生態学

森林美学の講義は林政学の小関隆祺（たかよし）が担当していたが、造林系の教員が担当になった時には、工学部生も受講する「森林美学及び風景計画学」として講じられた。そして直近の担当者は、「森林美学及び*景観生態学」として、2つに分けた内容であった。ここで、「景観」・「生態」とも森林科学科へ進学してきた学生や生物資源学科の緑地計画の学生には、魅力あるキーワードだと解った。しかし、まったく体系が異なり独立した内容なので、連結を図る努力が必要であった。1つの学問分野を構築した鷲谷・矢原の「保全生態学入門」（1996年）の刊行から、ちょうど、10年が経っていた。生物多様性の概念（3つのレベル：遺伝子、種、景観）（図4・1）が一般的になって来たため、用語解説が必要とも感じた。なぜなら、2つの学問体系に同じ漢字の「景観」が使われることによる〝混乱〟

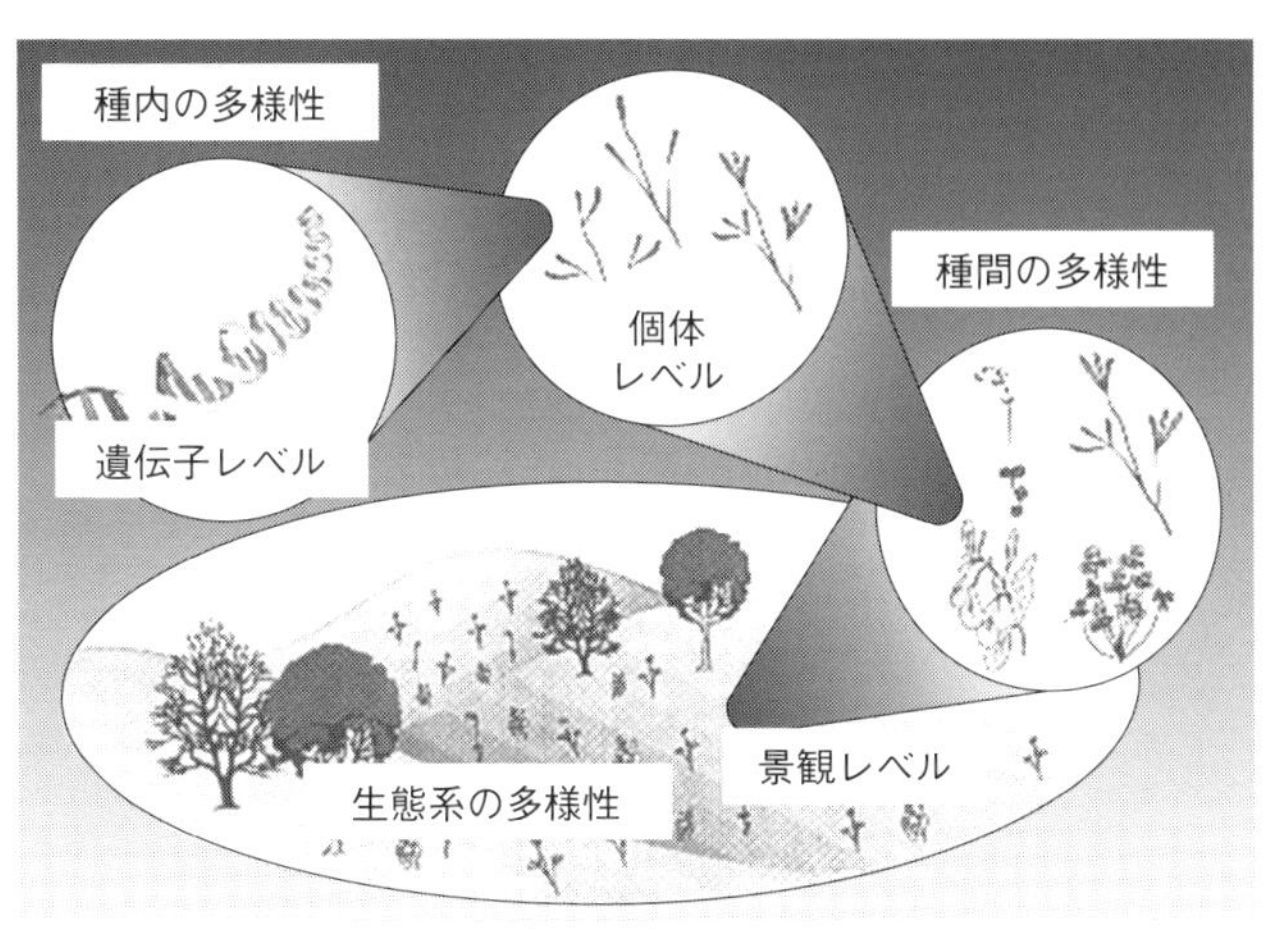

図4・1　生物多様性の理解のための概念図

が気になっていた。しばらくして、景観というドイツ語（Landschaft）からの訳語をつくったとされる三好学の「景観生態美観」が復刻され、小野良平（2005・2008）の解析が現れた。

＊景観生態学はドイツの地理学者、K・トロールにより1938年に創出された。景観の諸特性と潜在的な価値を評価し、土地利用に応用することをその目的とする実学として発展した。

再び述べるが、森林美学と景観生態学とは、まったく体系と内容の異なる学問である。担当者が代わったからとはいえ、内容の異なる科目を半年に渡って受講する側からすれば、当然「流れ」を知る必要がある。この両体系の〝つなぎ〟を探していて、幸運にもケンタッキー大学の広報用（エクステンション）論壇を見つけた。「景観生態学と生態系管理」と題する8ページの解説は解りやすかった。そこで、やや強引ではあったが、2つの体系の〝つなぎ〟をこ

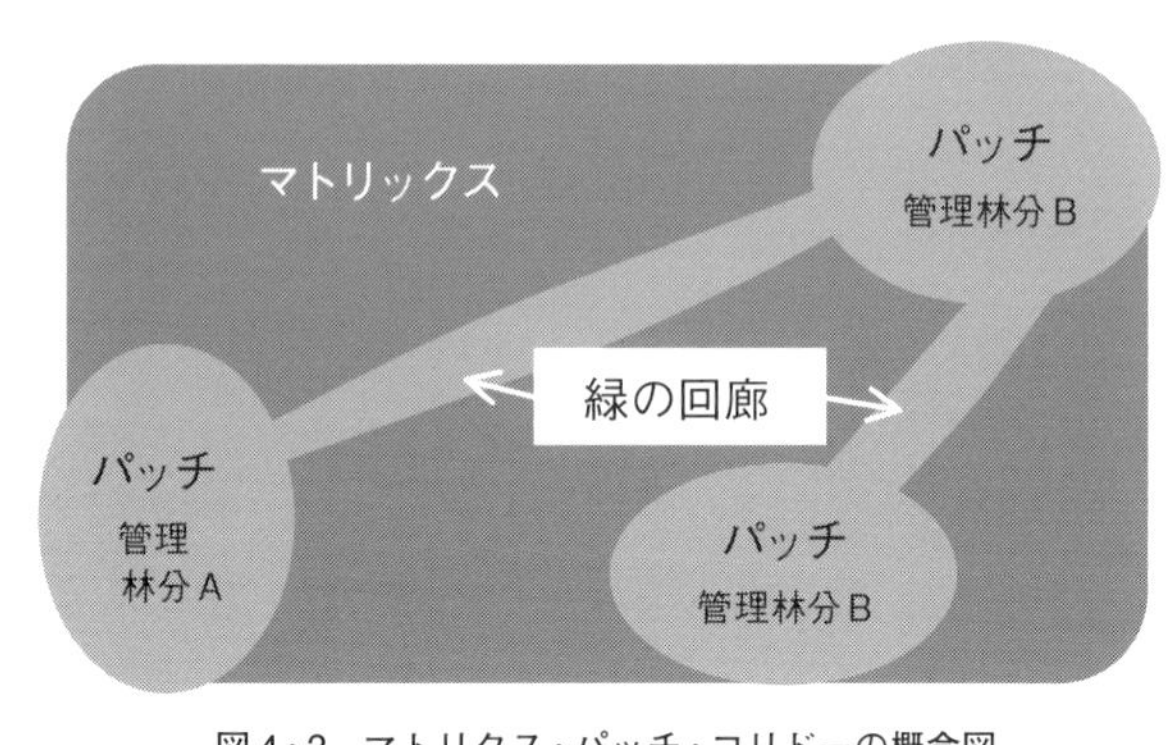

図4・2　マトリクス・パッチ・コリドーの概念図
パッチ：各々の施業林
マトリックス：景観

の論壇に求めた。要点は「パッチとそれらを結ぶコリドー、そして、それらを包含するマトリクスの概念」（図4・2）は、施業林の美を追究する森林美学と土地利用と管理を目指す景観生態学を結びつけている、と思う。

当然の流れとして、学生さんたちは、森林美学と景観生態学の関係を具体例として知りたがった。ここで、少し救われた。敬愛する樹木生理学者の畑野健一が訳されたR・ツンデルとD・ケトラーの「森林の風景保育と休養対策」の存在を森林政策学の石井寛から教わった。そこで、ドイツへ留学しておられた畑野のこの訳本を手がかりにした。同時期、ミュンヘン工科大学の森林計測・動態学のH・プレッチェの紹介もあってバイエルン州の技術者の集会（森林組合、ミュンヘン応用林学大学校、ミュンヘン工科大学の定期意見交換会）に参加した。そこで、バイエルン州で使用している景観管理のテキストを担当者からいただいた。そのタイトルは、「森林の風景保育：景観の中にある森林の風景保育の設計とその助言事項」である。なお、森林という地域資源の管理から利用を考えると、この交流会は大きな機能を果たしている。軽くワインを酌み交わすだけで、気兼ねなく情報交換が出来るわけである。時々、勉強会も開催し、雑誌Natureに掲載されたミュンヘン工科大学の研究成果を共有したり、木材の利用動向を組合から紹介したり、約2時間程度の会であるが、3者はすべて人の営みの中にあることを実感した。

2 フォレスト・スケープ

コントラストの悪い例

コントラストが良い例

図4・3 収穫面の影響を考慮した伐採方法
（坂口編 1975から改作）
森林が貧弱なのではなく森林景観に改良の余地がある

フォレスト・スケープの基本は、実は、坂口勝美（1975）が編集した「これからの森林施業：森林の公益的機能と木材生産の調和を求めて」のなかで紹介していると思われる。この図4・3は収穫法と遠景の比較を端的に示す。〝森林が貧弱なのではない。森林景観が貧しい〟という堀ら（1997）の主張が、景観管理を考える基本であり、伐採面を見せる工夫をする必要を説いている。事実、「自然林の美学」を著したシュテルプは、ドイツ・バイエルン州有林での伐採面を直線ではなく、ギザギザにする工夫や機械的間伐を行うときにも、野生動物への配慮として隠れ家を提供できるという緩やかな蛇行での伐採を提案している。

フォレスト・スケープの言葉はテキスト名で知っていたが、実践例はどこで行われていたか解らなかった。またしても幸運なことに、最初の職場の先輩・由田幸雄が、「森林景観づくりの事業について」という論壇を「森林技術」誌（２００６）に公開された。先の教科書には、概要は述べられているが、実践例の技法は限られている。早速、彼に連絡したところ、福島と日光森林管理事務所での実践例と、有り難いことに景観調整事業を実施した時の指針と手引きに関する貴重なスライドを提供下さった。今も大切に利用させていただいている。

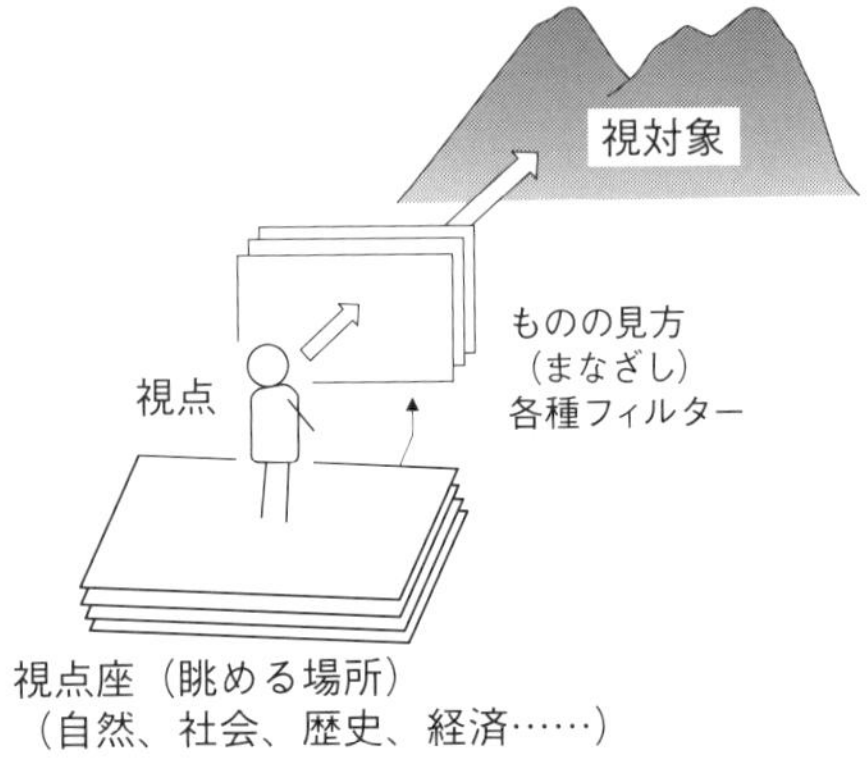

地元新聞にも紹介された由田幸雄らの森林の風景管理の技法を少し紹介しよう。基本は、上記の堀繁らによる「フォレスト・スケープ」にある。要するに、「何を（視対象）どこから見るか、見せるか（視座）である」（図４・４）。わずかな手入れであっても、見せたい森林景観が現れる技法は魅力的である。有名なものとしては、鬼怒川の奇

図４・４　視対象と視点と視点座の関係（堀ら 1997）
人が眺める位置（視点）から眺める対象（視対象）を見ることによって成立している

図4・5　五光石の見える施業（写真提供：由田幸雄氏）
矢印（▼）は施業後にも残された個体

図4・6　本線からは、伐採面が見えないようにする施業の模式図

岩の五光岩の鑑賞用に一部、灌木を切り取った事例がある（図4・5）。今まで見過ごされていた五光岩を見ることが出来るようになって、森林散策路の価値が増したという。フォレスト・スケープの技法は、その名称ができる以前に、北海道の定山渓国有林に設けられた高密度路網にも応用例がある。つまり一般道からは見えないように作業道が設けられ、隠蔽であるという批判はあったそうだが、木材生産と雄大な風景を提供する方法が用いられた（図4・6）。フォレスト・スケープと教育の重要性は後述するが、「風景は見出され、発見される」という考え方を現場に提案した事例を次に紹介したい。

図4・7　摩周湖外輪山のダケカンバ衰退木

3　フォレストスケープの実践例

3・1　摩周湖の衰退の事例

摩周湖外輪山のダケカンバの衰退現象（図4・7）を知ったのは、2009年の冬、当時（独）道総研・北海道環境科学センターと弟子屈（てしかが）町役場の方からの情報からであった。町では既に2005年には、マッターホルンの麓の町であるスイス・ツェルマットのような交通規制を行い、観光資源の保全に取り組んできた。そして、オゾン（対流圏オゾン：地表付近のオゾン*）をはじめ大気環境の悪化が、景色の劣化を引き起こす可能性を知った（山口・野口 2011）。工場では排煙する時には脱硫装置を導入し、環境庁は1980年代には、わが国の大気環境の改善が成功したことを報じていたにかかわらず、である。

＊成層圏と地表付近オゾン：生命が地球表層で繁栄できるのは、シアノバクテリア類の出す酸素が紫外線と反応してできたオゾン層（成層圏）が、有害紫外線（短波長側からC、B、A領域とあって、危険なC領域は遮断され、フロンの過剰利用で成層圏オゾンが壊れ、B領域：280～320nmが一部地表へ届く。A領域はナスビの色づけに不可欠である）を遮断するおかげで、良いオゾン。地表付近のオゾンは光化学スモッグの本体で、強力な酸化物質（悪いオゾン）。

3・2　摩周湖周辺での調査から

北海道東部、摩周湖で有名な弟子屈町とのお付き合いは、急に始まったわけではない。旧弟子屈営林署はかつて御料林（皇族の財産管理：実態はまた別の側面もあったと聞く）であり、今田敬一門下の佐々木準長博士の霜害研究など、厳しい環境下での造林方法が紹介された。実は、今田は職場の上司らの指導教員で、森林物理学（微気象）の研究者であった。私の中では、その方と森林美学は結び付いてはいなかった。北海道大学造林学の六代目教授、五十嵐恒夫によると、今田の学位論文「森林美学の基本問題の歴史と批判」は、学会賞と期待されたが、第二次大戦を目前にした時代では、評価は高くなかった。目先の利益に直結しない研究を進める者には「科学の森で遊んでいる」という風潮は、応用科学では当然かも知れないが、基礎科学を軽視する流れには、恐ろしさを覚える。今田は〝森林美学の筆を折って、得意であった物理学を生かした微気象研究へ学生らを導いた〟そうである。一方で、今田は〝北海道近代美術の父〟と言わしめたほど絵画に力を注いだ、とある（佐藤2010)。

本論に戻ろう。1984年に発生した晩霜害によって、美留和地区の冷気湖に植えられてしまったアカエゾマツ植林地に壊滅的な被害が出た(高橋ら1984)。赤茶けた針葉、触れるとパラパラと春(初夏)なのに落葉した造林樹の姿に衝撃を受けた。その後、霜害からの植生回復の調査を行う中で、アカエゾマツは開芽時期に低温感受性が高まり、障害を受けることが解明された(北尾2005)。摩周湖と並んで有名な美幌峠ではササ原が観光資源であるというが、冬季の雪害の回避も課題である。弟子屈町では国立公園以外の場所で、地拵え(じごしら)によるダケカンバの再生試験や植栽試験が地元メンバーを中心に継続的に行われている。

3・3 観光道路沿いの植生

摩周湖外輪山の植生は、山頂へ向かう道路沿いには、弟子屈側からはミズナラを中心とした二次林、カラマツ・トドマツ人工林、広葉樹混交林、そしてダケカンバの疎林へと至る。山頂付近では、日当たりの良い場所には矮生のミヤマハンノキが混交する。しかし、林床全体はほぼササで被われている。タケ・ササは花が咲くと枯れると言うが、部分的なクマイザサの開花(図3・2)は見られても大規模な開花は摩周湖外輪山では見られない。従って、ダケカンバのような陽樹の更新が一斉に見られることは期待できない。事実、道路沿いの小集団は道路改修などの時に生じた裸地に侵入したと考えられる。一方、ササの中にカエデ類やハリギリの稚樹がわずかに見られることから、今

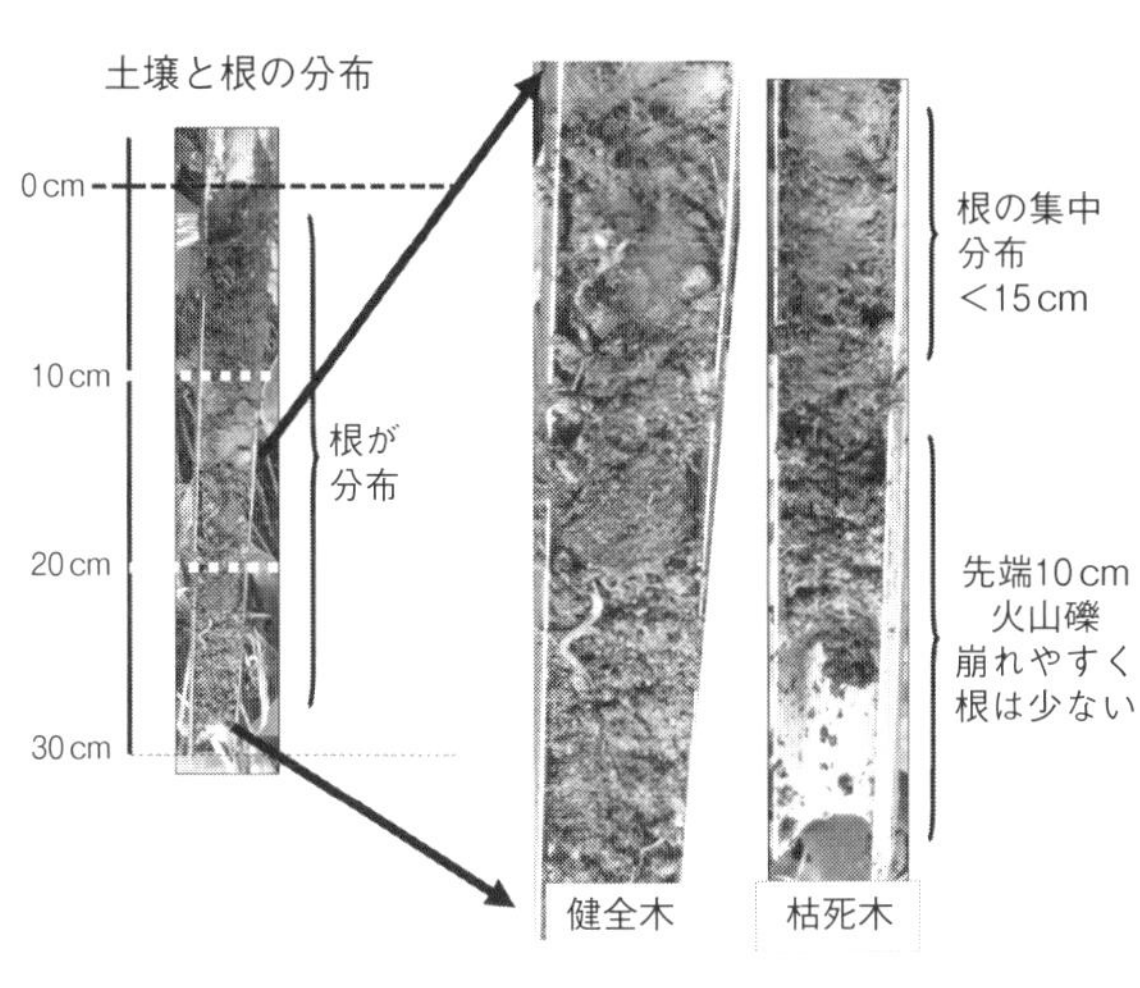

図4・8　摩周湖外輪山の衰退木と健全木の根元の土壌の特徴

後、ササが枯死すると、これらの樹種も目立ってくると思われる。

山頂に近い緩傾斜地ではダケカンバが優占するが、枯れ下がりが見られるのは樹高が約10m以上に達した個体である。衰退した大きな個体はまばらに見られ（図4・7）、下層には軽石が存在する浅い土壌層に特徴ある植生である（図4・8）。ダケカンバは陽樹であるが、光よりも養水分を巡る地下部での競争の結果として極めて疎な林分が形成されたと考えられる。このような個体間競争はシベリアの永久凍土地帯でも見られる（Osawa *et al.* 2010）。山頂付近に目立ってきた枯死木をどのように「見る」かが、今後の課題である。

3・4　摩周湖外輪山の景観の見方

森林美学とは狭義には人工林の適正な森林管理の指針を与える内容である、と考えている。整然と整備された森林は持続可能な生産を上げることができるという。広義には、そのような管理のされた森林を、どのように見せるかという景観管理の方法が重要になる。そこでフォレスト・スケープという考え方の登場である。この考え方の実践には、「どのような森林景観（視対象）をどのように見せるかという考え方が重要であり、それが決まると、どこの場所から（視点座）どのように見せるか！」の整備が求められる（図4・4）。

ここではベルクの「風景の美は、これを鑑賞する人の能力に応じた美が発見されることになる（＝景色は意識しないと見えない）」という指摘が重要である。つまり、景色は見る人の意識、基礎知識によって変わると言うことである。ベルクあるいは田村剛の考え方を、摩周湖外輪山の見方に適用してみよう。観光資源としての摩周湖とそれを構成する外輪山の風景だけで、あの美しい摩周湖の景観ができている訳ではない。歌謡曲「霧の摩周湖」で有名になったが、霧も重要な景観の要素である。日本の伝統美〝ぼかし〟であろう。

ここに、摩周湖外輪山を含めた「景観を考え、その後の管理へどのように結びつけるか」の鍵がある。まず、訪問者・観光客に「衰退し、枯死した立木の意味」を知らしめる必要がある。カンバ類は本来先駆種として裸地を被い、約１００年という比較的短時間に枯死して土壌に戻り、森林が発達するきっかけとなる。ただし、ダケカンバは約２００年と比較的長寿であるが、陽樹で先駆種的である。従って、ササを除くという地表処理を行わないなら、火山灰土壌から始まる一次遷移とよぶ植生遷移に注目すべきである。

わが国では、降水量が十分にあるので、通常の土壌条件であれば、裸地からの植被の回復は比較的短期間に行われる。しかし、一般に森林の移り変わり(=遷移)は数百年のオーダーで進む。摩周湖外輪山のような貧栄養で、特にリンの欠乏しやすい火山灰土壌では、外生菌根菌との共生(菌根菌形成)も重要な過程である。極めて貧栄養であることから、本来なら遷移の進行は通常の土壌に比べると遅いと考えられる。しかし、摩周湖周辺では酸性霧や対流圏オゾンのような汚染物質によってダケカンバを中心とした森林の衰退が進んでいる可能性は否定できない。では、次のステージではどのような植生が見られるのであろうか。

【コラム5】 住環境の緑を損なう者：食葉性昆虫に注目して

札幌周辺の例である。住環境としての緑地の維持に技術者は腐心しているにも関わらずシラカンバの並木が、虫食いによって枯れ木のようになる。犯人はハムグリハバチ類のような「お絵かき虫」とシラカンバ類を特異的に食べるハンノキハムシである。郊外では、都市域から輸送される窒素酸化物(NO$_x$)が前駆物質となり、紫外線下で光化学スモッグ(地表付近オゾン)へと多量に変換される。植物は光合成産物から病虫害に対する防御物質を合成しているが、強力な酸化作用をもつオゾンに曝され光合成は抑制されるため、郊外では防御物質へ回す光合成産物が制限され防御力が低下する。一方、皮肉なことに、都市域ではNO$_x$と反応してオゾン濃度は低下するため相対的に植物の防御力は高い。それにも関わらず虫害は郊外の方が低い傾向があり、その原因を植物の放出する香り物質(BVOCs：植物

起源揮発性有機化合物)に求めた。これまでの研究から、オゾン濃度の高い郊外では、オゾンとの反応により元々の構造が失われた香り物質を食害昆虫が探知出来ず、食害率の低下に寄与している可能性が示唆された。

(増井昇　北海道大学・農学院)

【文献】
増井昇・小池孝良(2020)樹木医学研究24:185~186

3・5　景観の魅力と価値

先述したが、土壌深の厚い斜面下部では、ハリギリ、シナノキ、カエデ類が優占する森林が発達しており、深いササの植被の中でも、カエデ類のような耐陰性の高い遷移後期種の稚樹が生育している。これらの事実から、摩周湖を訪れる方々が、「壮大な自然の営みである森林遷移が眼前に広がっており、遷移のスピードが他の場所に比べて、大気環境の変化によって加速している」と考えることができないだろうか(図4・9)。もちろん、将来、越境汚染などでさらに環境が悪化するなら外交努力など根本的な対応が必要になる。しかし、例えば中国では徹底した環境対策の結果、深刻な状態から脱出しつつある。現水準であれば、窒素沈着は樹体の栄養生理や共生関係のバランスを壊すが、窒素飽和*になるほど壊滅的ではない。むしろ成長を下支えしてくれる可能性もある。オゾンは感受性の高いダケカンバの衰退を進めているが、その後に続く森林が既に想像できる。

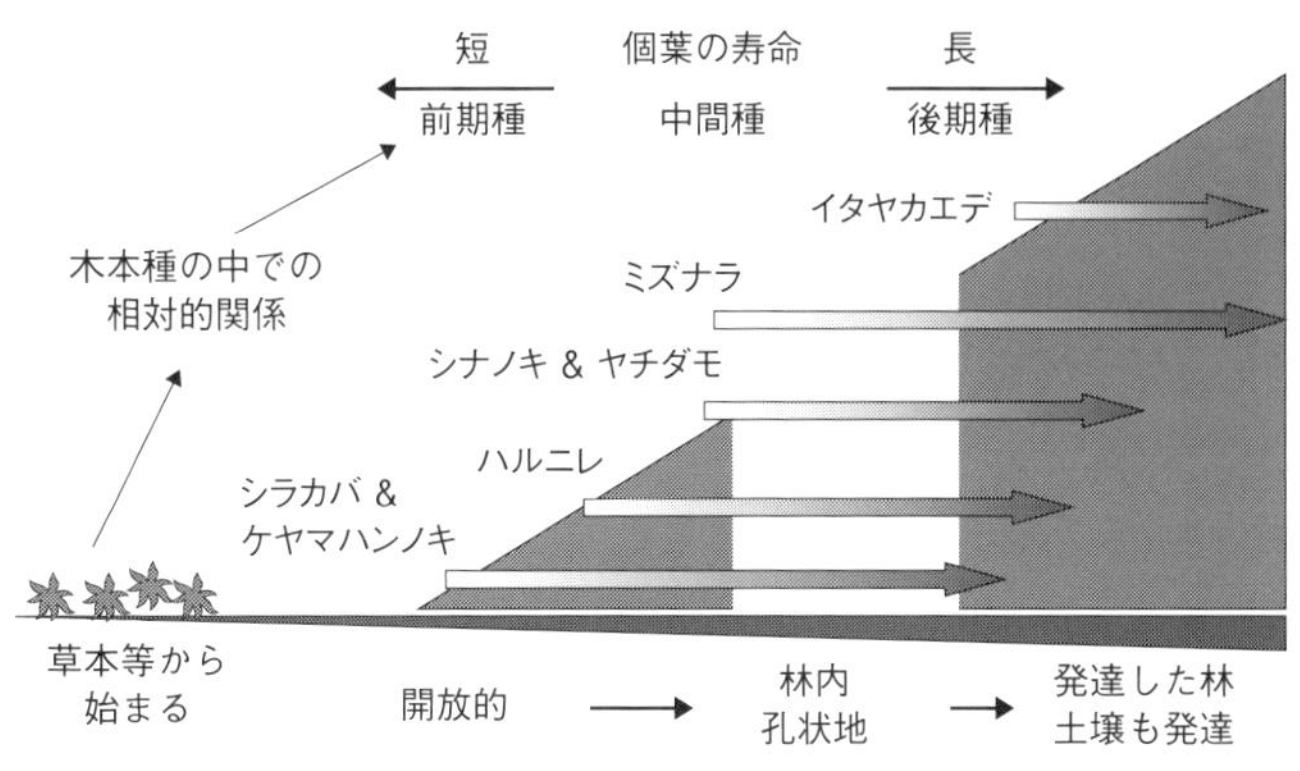

図4・9　摩周湖外輪山の森林遷移の模式図

（森林遷移上の位置と開葉・葉の寿命）

＊J・エイバーが提唱した。酸性降下物（沈着）として生態系へ流入する窒素が過多になると、衰退が生じると言う。生態系の状態からステージ0〜3があり、0．正常、1．成長が促進される、2．栄養バランスが崩れ、衰退木が見られる。3．生態系で余剰になった窒素が系外へ流出し、強力な温室効果ガスの亜酸化窒素などが放出される。

このような基礎知識を、地元はもちろん摩周湖を訪問する方々へ広く紹介することによって「見える風景」が変わるであろう。はじめに述べたように、これまでの調査から、摩周湖外輪山という寒冷地で特殊な土壌地域ではあるが、森林の植生遷移の壮大な「ドラマ」を間近に見ることができる場所として風景を楽しむことができることを紹介したい。

5章　持続的森づくりのために

1　林道と作業道

表題にも示したが、初めに述べたように持続的森林管理のためには路網整備は不可欠である（田口ら1973、藤森2003）。林道は林内の幹線道路であり、排水施設、法面工事などで整備される。これに対して作業道は、恒久的ではなく規格も受益者の用途に応じて造られる。このため公的な用途が林道に比べて少なく災害復旧の補助がない（酒井2004）。しかし、我が国の森林域の多くの場所では、急傾斜地が多く、谷や沢が入り組んでいること、小面積所有者が多いことなどが重なって林道設置は進んでいない。そこで、林道（作業道も一部含む）密度を目標値の約18m／haに向かって、人工林では22～25m／ha、天然生林では15～18m／haとする（山田2020）。ここで、混乱しやすい林道などの名称を確認しておく（図5・1）。

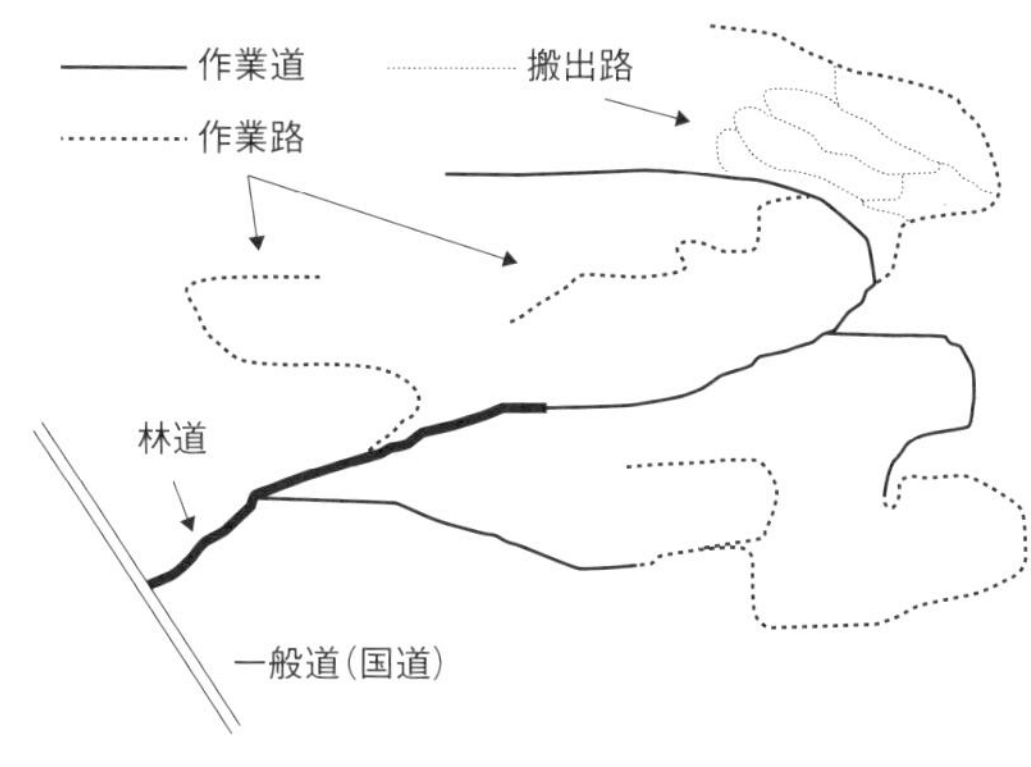

図5・1　林道などの名称(山田 2009)
役割は血管に例えることができる(本文参照)

道路網は大動脈となる公道(国道)、次に動脈(運材トラックが走行できる道路)となる林道、さらに細い動脈(運材トラックが低速走行できる道路)となる作業道、そして毛細血管(林業用機械が走行する道路)となる作業路あるいは搬出路が路網となる。地元に有益でないスーパー林道(特定森林地域開発林道)ではなく、間伐材を切り出すための作業道を整備し、放置林を集めて団地化し、森林組合等が森林管理をすると言う。

【コラム6】　シュテルプの絵画に見るサテライト土場と北海道型作業道

W・シュテルプは自作の風景画をカレンダーにしており、毎年、楽しみにしている。12枚の中には、必ず、林縁に伐採された丸木を土場におく構図を好んで入れている(図)。巨大な土場ではなく、いわばサテライト土場(木の中間土場)を設け、集材と運材が一度にできる重機の効率的利用の成果であろう。平地林であり機械化による生産コストを下げることに努力している。北海道型作業システムは、①ルートを限定

図　伐採木のある風景

（写真提供　W. シュテルプ氏）

した林業機械の林内走行、②森林作業道による集材距離を約200m以内（最長でも500m以内を上限）、③広い山土場を必要としない（小規模分散土場）、からなる緩傾斜地に適したシステムである。2つの路網：林道を補完する林業専用道と簡易な構造の森林作業道、林業専用道脇に設けられる一時的な〝土場〟を利用することで、素材生産コストをある程度下げることが可能になった。

（小池孝良（北大農）・佐々木尚三（KITARINラボ））

林道・作業道の詳細は専門書（酒井2004）に譲るが、米国・シカゴ大学の経済学者マチュースの理論に基礎をおく、「林道の開設費と木材の集材費の合計を最小とする路網密度を最適な密度とする」考え方によって、宮崎県では景観も維持した効率良い森林管理が行われてきた（青木1973）。今後、景観整備を意図した風致施業をさらに考究せねばならない。最後に、従来の林道（幹線）の在り方を概観したい。従来のモデル林道網（作業道は含まれていない）を検討する。

2 林道による創美

2・1 林内装飾の方向

フォン・ザーリッシュの森林美学の後半には、「美への関心を誘う森林の装飾方法」として、〃林道による森林の機能向上〃や〃土石利用による創美〃の記述が目を引く。森林美の概念の考察から具体的な「森林への働きかけ」である林道開設を論じている(ザーリッシュ 1902)。これらに森林経営者・実務家としてのザーリッシュの視点があふれる。ドイツ・バイエルン州有林の収穫現場でも、彼の主張の息づく場所があった。ここでは、ザーリッシュの示した森林美学における森林の区画整備と林道の開設法を紹介し、それらの現代的意義を考察したい。

2・2 路網整備の意義

我が国で初めて森林認証を得た三重県尾鷲の速水林業の実務を綴ったのが「美しい森をつくる」(2007)である。この中で速水勉は、機動性に富む林業機械の導入による収穫の効率化と毎年1・5～2・0 kmの林道開設の効用を紹介している。農学部の実習の一環で、毎年、速水亨(2012)が著した「日本林業を立て直す」(日経新聞出版)を予習し、速水林業の現場での講義を受けてきた。見事な管理がされた明るい林床を持つヒノキ林とは思えない人工林の中での熱意のこもった講義を受けて、進路を変える学生さんが現れることもある。見事に管理された森林が若者の心に情熱と未来を直接語るのであろう。

我が国でも森林環境開発の考え方として、東京大学では、造園学・地理学にいう景観の考え方と森林利用学のいう作業の融合を目指す方針が先見性を持って提示された（上飯坂 1975）。森林利用学は、従来、森林資源の利用を収穫・加工に次いで、「森林の保健」利用の考えにも言及していた。事実、橋脚や林道研究で著名な加藤誠平（東京大学森林利用学）は造園・森林風致学分野での造詣も深い。森林美学を講じた新島善直の門下生の一人、大澤正之によって北海道大学の森林利用学と、続く森林工学が進められた。ドイツ・ミュンヘン大学造林学を担当したK・ガイヤーの森林利用学（Die Forstbenutzung）は、彼の後継者で、新島の師でもあったH・マイルによって13版まで刊行された。その内容は、我が国の木材の収穫から利用の体系化に少なからず影響を与えた。

高密度路網の達成は、人命を第一において収穫作業を行うためには不可欠である（大橋 2008、山田 2020）。森林・林業基本計画の林道密度の達成目標は、当時約18m／haであったが、高い生産性を上げている大橋林業では320m／ha以上であるという。今でも、各地で大規模林道の開設が問題視されている。不用意に林道を設けることには、費用対効果の視点だけでなく、貴重な自然への影響を考えると疑問がある。山岳地形と平地林が多いという決定的違いはあるが、大規模伐採で喪失した森林を再生させ、森林とともに生き、自然保護が重視されている欧州での林道密度と比べて、何が違うのか明確な答えを持ち合わせていない。ただ、彼らの生活スタイルにその一因があるように感じている。ドイツでは週末は大部分の店が閉まっており、市民はたとえ小雨であっても、多くの家庭は山へハイキングに向かう。この点は、我々の日常とはかなり異なる。

美しい森づくりと森林の景観調整のためには、林道（簡易な林内道路）の開設のための理念が必要になる。林道は木材を搬出するための道ではあるが、実は持続的な森林経営を行う「森への働きかけ」のために、〝人を森林へ運ぶための道〟でもある（田口ら 1973）。上述の生産基盤整備の考え方、すなわち、これからの森林管理の方針は、モントリオールプロセス（1998）に謳われる「木材生産だけではなく、生物多様性保全、水土保全、CO_2低減などの各種機能を対等にとらえ、望ましい目標林型を科学的に求める」にある（藤森 2003）。このような試みが既にザーリッシュの記述にはあった。次に要点を紹介する。

2・3 ザーリッシュの森林区画の考え方

林道を造る際に不可欠なことは森林内部の区画整備の方針である。「森林区域をできるかぎり均一な区画に区分するという熱望によって、面積と形のバランスが非実用的な林縁部の区画を造り出す」とザーリッシュは指摘する。当時、産業革命が進展する中で、ドイツ国民の気質も手伝って、林内を規則正しく分割し、生産・管理の合理化を目指していた。その中で、ザーリッシュは森林美の追求を行った。この考え方は、後述するが、日本の国立公園の父、田村剛の著書「森林風景計畫」の中にもザーリッシュの影響が見られる。

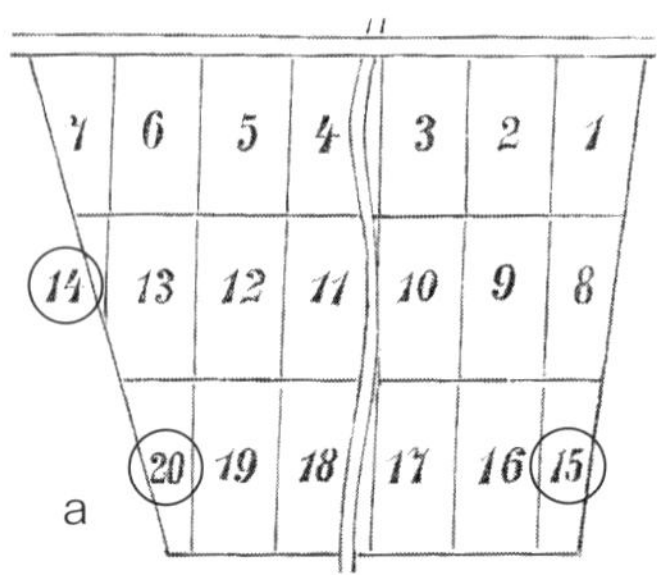

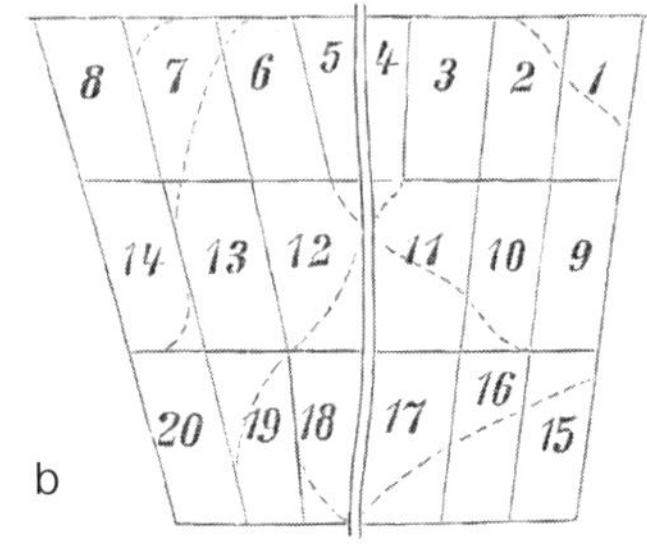

図5・2　ザーリッシュの林分区画（海青社 2018）

a：区画No.14,15,20は望ましい大きさを下回っている。

b：ザーリッシュの理想とする区画法である。

数メーター余分に防火帯が必要になり、斜め方向の道（作業道）も要る。

しかし、直角の道路網よりも、うまく森林を整備することができる。

基盤整備：ハイカー向けの特別な近道（アクセス路、狩猟路）も設ける必要があるとしている。

ザーリッシュの時代から、リスク・マネージメントの考え方は徹底していた。冬季の突風害だけではなく山火事への備えを論じている。これらを踏まえ、「森林の魅力はその神秘性に起因しているので、まっすぐな防火帯によって林縁から森林の中心が見通せるのは好ましくない」と断じている。さらに幅の広い道は遠くからも目立つので、特に丘陵地では望ましくないという。林道の適正な配置計画によって、メーラーの恒続林思想に従う豊かな森づくりを実現することが、また、林道開設に与えられた使命でもある（山田２０２０）。

好まれる景観の調査からは、一般的には見通しの良い景色が好まれる（品田２００４）。これに対して、見通しのよい林道開設を避ける理由をザーリッシュは森の神秘性を重んじるためとした。さらに、直線での森林の区画整備を避け、机上の図式のみで配置を決めるべきではないという。立木で〝覆う〟というのは見通しを完全に遮るのではなく、

〝相応しい〟樹種は景観を魅力的にするので、視界は遮ってはならない、とした。フォレストスケープの視点につながるザーリッシュの区画の設け方をさらに紹介しよう。伝統的な方法では、区画は図5・2aに示すように区分される。20区画のうち13個は正確に同じ大きさである。しかし、区画14と15は望ましい大きさを下回っている。これに対して、図5・2bがザーリッシュの理想とする区画法である。これによって数メーター余分に防火帯が必要になり、また斜め方向の道（作業道）も要る。さらに、基盤整備として、林内を訪れる人々へ向けた特別な近道（アクセス路、狩猟路）も設ける必要があるとしている。なお、ドイツでは私有林であっても、原則、林内への立ち入りは自由である。

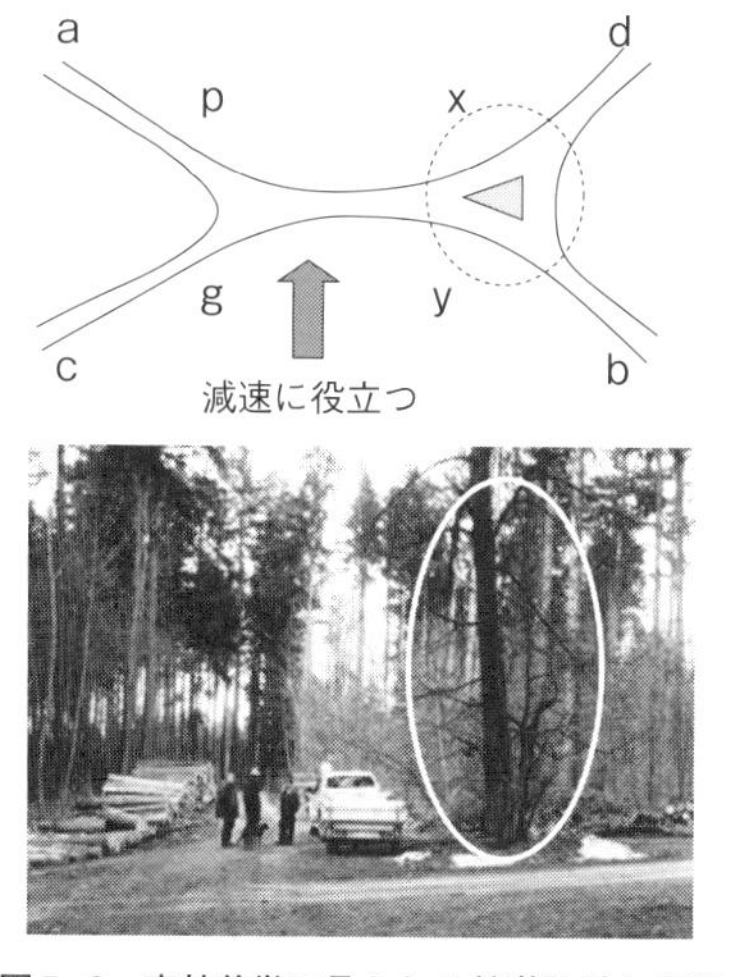

図5・3　森林美学に見られる林道設計と実例
林道の構造　交差点の設定方法
（Cook Jr. & Wehlau 2008より作成）

2・4　ザーリッシュの林道開設の方法

主に平地林での技術であるが、傾斜地を利用した林道の設定や交差点の開設方法に特徴がある。険しい頂上に至る山道を開設する際に、ジグザグ道路か、渓谷や鞍部などを越える通路かのどちらかを選択するなら、審美的観点から見て後者が好ましい。ジグザグ道路は1つの林分だけを通過することが多く、通過地点周辺の森林蓄積を犠牲にする。後者はさらなる眺望が期待できる点は有利である。はじめに、ザーリッシュの森の見所で紹介した点もあるが、傾斜地を利用した神秘的な林内美の誘導方法を次に紹介しよう。林内の様子を図5・3からご覧頂きたい。これはバイエルン州有林でほぼ平地であった。道が2つに分岐しており、一方(a・d)は上りでもう一方(c・b)が下りの場合には、合流地点(図のpgとxyの間)を水平に設計し、道路区間の傾斜率より急な角度で分岐点から道が上下するように設ける。これらは、道路勾配の小さい地形において望ましい設計である。

3　美学的視点と森の道

林道開設に関してザーリッシュの美学的観点からのどのような考え方が必要なのか、を次に紹介する。ただし、ここでの記述は、週末には60％もの人々が森林の散策を楽しむ国民性が前提である。ただ、日本でもグリーンホリデー(佐藤 2002)が政策化してきた今、注視すべきであろう。英語で言うサイトシーイングの「観光」と区別して、ツーリズムを「旅游」と訳す中国では「無農不穏 無工不富 無游不旺」という表現をよく見かける。北海道大学農学院の卒業生で日本語の堪能な汪雁楠(江西省林業科学院)によると「農業がないと穏やかな暮らしはあり得ず、商業がないと社会の交流が途絶えて人々は生活を続けるのが困難になる。そして、ツーリズムがないと生き生きと、

図5・5　開設直後の林道で草を食むイノシシ親子
開設直後の林道に干し草のクズを播くと、動物の餌になる
（写真提供：W. シュテルプ氏）

図5・4　林内のベンチの設置方法
湖を垣間見ることの出来る場所に置かれたベンチ（南ドイツ・アイプ湖）

いのちを輝かすことがかなわない」と解説されたが、言い当てている。

ザーリッシュはいう、「休息を必要とする人々が集う地域では、隔離された場所へと通じる小道を十分に備えておくべきだ」と。病気の野生動物と同様に、疲れた人間も他人から離れて1人になるのを欲する時があり、一人でぶらついたり腰掛けたりしたくなる。そこで腰掛ける場所も必要である（図5・4）。大衆の中の孤独というか、人混みは、自分が孤独だと言うことを嫌でも思い知らされる。そんな時は、森の小径を歩む散歩が最高！　自分が知っている植物に出会うと、本当に心和む。

続けて、ザーリッシュは述べている。「新しく造った森林内の道は非常に目立つ。特に同時に何本もの道路を造ると、それらの場所は少なくても2～3年は、人々の非難の対象になるであろう」。さらに言う。「『多くの道路』は『あらゆる森林の詩』を壊してきた」。でも、悲観しなくてよい。「できたての道には、新しい路盤に草のタネを播くことで容易に改善できる。高価な草のタネ

図5・6　道標の設置の例（W. シュテルプ 2005から一部引用）
標識とは楽しい場所へと誘うことを示す。間伐材を利用した福井県大野市の事例

は必要なく、馬小屋の干草のタネが素晴らしい貢献をするだろう」。ザーリッシュの森林美学の実践の場、ポステルで数年間に渡って試験し、改善した森林の保育方法は、野生生物に採食地を提供できて、狩猟の観点から見ても有益である。シカは木立を非常に好み、イノシシも、発見されないこうした道の上で草を食べる（図5・5）。もともと上手く獲物が捕れるように森づくりをすることが官房学としての林学の基本なのだから、ザーリッシュのこの提案は自明のことかも知れない。狩猟大会の主催者は、狩猟グループのメンバーに安全を促すときに、これらの林道の曲線部を利用することができる。

面白みのない単調なマツ林中の長い道の交差点を、よく手入れされたその場に相応しい樹種で覆い、交差部分の角を丸くして車の通行をしやすくする。石柱に記す標識は適切な場所に設置するとともに、その場に値する装飾性を備えるべきである。銘はダークグリーンか石色の背景に黄色っぽい白色で、読みやすいように記すべきである(図5・6)。これらの指針は、新島・村山の森林美学だけでなく、国立公園の開設に際しても取り上げられている。

4　田村の主張した林分の区画と林道

〝国立公園の父〟である田村剛は言う。「林道はあくまで林産物の搬路なので、探勝用には別途設けることも必要である」。林道開設に伴う森林の伐開によって意外な眺望が開けることがあるので、造園的な技術が求められる。つまり、伐採が不自然にならないような配慮が必要であり、林道周辺では択伐が望ましい。林道沿いには灌木類を残すと良い。眺望を得るための伐採は傾斜地に限って行い、眺望は連続するより、時々見える方が良い。フォレスト・スケープの考えである。

ザーリッシュは美学者ギルピンの影響を強く受けていた。この美学者は次のように警告した。「森林内の全ての区画は絵画美の景観を愛でたい人にとって目障りだ。不自然な区画整備によって壊されることなく、自然の素晴らしいラインや多様な土地の隆起が維持される場合に、森林はその本質的な美を遺憾なく発揮する。」従って「各道路は管理単位の境界線に沿わなければならない」とする規則に盲目的に従うべきではない。地形区分が適度に小さいほど、林分の美しさは顕在化す

図5・7　樹幹を通して明るい造林地の見える景観
（ドイツ・バイエルン州有林混交林化試験地）

る。もし緩やかな傾斜の山腹を、そこに建設された道路が水平に遮るなら地形に対する全体的な印象が変わってしまう。

林班の区割りは固定的であるが、小班は移動可能な林内美の構成要素となる。区画の設定を地形に合わせる時、斜面方向に一致した区画線は醜く、等高線に沿った道には不快感はない。森林の区画の醜美は、遠距離からの眺望では大きい区画の方が、林内美では小さな区画が望ましい。特に新植地を設けた時には道路との間に老樹を残し、新植地の木が大きくなったら伐ると良い。樹幹を通して明るい造林地の見える景観は美しい（図5・7）。我が国の場合、区画の大きさは風景計画の視点からは約１・１㎢が適切であるという（田村　１９２９）。なお、森林の区画は林冠が単調な時は広く、複雑な場合は狭くする。

6章　樹種特性と環境変動

1　紅葉が語る種特性

新島・村山の「森林美学」は600ページを超える厚さだが、その6割近くは、今風に言えば、樹種特性、樹形の記載であった。職を得て、関西生まれの私には、教科書でしか見たことのなかった北海道の樹種の特性評価の業務は、毎日、生きる活力をもらった気がする。「(山口県出身の)村山醸造さんも、こんな気持ちだったかな」と後に想像した。本章では、落葉広葉樹の樹種特性の見方を紹介したい。これは、当時、「育成天然林施業[*]」という、正直、かなりの難題に取り組むことになって、産業研究所の技術者として取り組んだ内容でもある(小池1991)。

＊簡単に言えば、伐採した時点で更新完了、と言うことである。用語としての正式な意味は、「天然林の抜き伐り

（間伐）や伐った跡地に広葉樹等を植栽するなどして、人工的に天然林生の機能を高める施業」。最近では、「萌芽更新、天然下種更新などの天然力を活用しつつ、地表を掻き起こし、刈り払い、植え込みなど更新補助作業や除伐、間伐などの保育作業を行うなど、積極的に人手を加えることによって森林を造成する施業」とある。

鮮やかなコントラスト（錦繍）[*]が美しい北海道の紅葉は、観光資源として高い価値を生む。毎年、北海道の屋根、大雪山系からの紅葉情報がニュースになるのは、その美しさへの期待の表れであろう。今年も9月には、大雪旭岳からのニュースが新聞の一面を飾った。しかし、その第一報が届く日付が、毎年、わずかながら遅れている。約30年前と比べると身近な場所の紅葉の開始が遅れ、その彩りがやや濁ってきたと思う。高温や乾燥など、なにか、大きな環境の変化を感じる。そこで、紅葉を愛でながら銘木を生む落葉広葉樹の生育の仕方と環境への反応を考察したい。枝葉末節と言うが、枝葉の動きこそ、実は樹種特性を端的に示すからである。まず、枝葉の動きから考察を始め、大きく変化している「環境」の変化に対する応答を紹介したい。

＊欧州中部の紅（黄）葉はポプラ系が多く、北米では、ポプラとカエデ類の紅葉が見事であるが比較的単調な景観が広がる。美しい紅葉を意味する錦繍は、種数の豊富な東アジアの特徴である。これは、欧州と北米には、赤道に近く壁状にアルプス、アパラチア山脈などの高山があって氷河期の寒冷化時に、多くの種がその麓で絶滅し、種多様性が小さいことが一因である（アダムズとウッドワード１９８９）。

【コラム7】　落葉樹の紅葉の彩り

紅葉と書いてモミジと読むように、秋空に映える深紅や真っ黄色の葉は常緑針葉と混じり合い、山々は錦繍を迎える。日照時間が短くなって紅葉が始まるのは、明け方の最低気温が7～8℃を下回る頃で、平均気温が約15℃になると色付き始める。これは低温と伴に吸水力が低下し、葉を着けていると蒸発散によって脱水に陥るので、落葉して乾燥を回避するためと考えられている。

さて、紅葉の色はウメボシの深紅で、アントシアニンと総称される物質の色である。老化した葉のクロロフィル(葉緑素)は壊れて緑が消える。並行して光合成産物である糖を材料にして、アントシアニンを合成する。1990年頃に葉が赤く変わる意味がブドウの培養細胞を用いた実験によって解明され、アントシアニンの一部が紫外線を吸収することによって秋の低温下での強光を避け光合成を継続する能力のあることが指摘された。事実、赤く色づくカエデ類、ウルシやヌルデは開葉がやや遅いため、落葉まで十分に光合成生産を行うのであろう。虫害への防御機構という考えもある。しかし、なぜ特定の数種にのみ、この機能があるかは解らない。この現象は春モミジと言われる芽吹きの時期でも同じく見ることが出来る。幼組織である若芽を紫外線から護っているのである。

一方、カンバ類に見られる黄色は、緑色のクロロフィルが老化と伴に分解し、分解が遅れるのがニンジンの色であるカロチノイドなので、落葉前には黄葉する。この他に、ナラ類ではタンニン様の物質や、それが複雑に酸化重合したフロバフェンの色である褐色になる。この他に、コシアブラのように脱色し白化する樹種もある。カシワに典型的だが、冬にも落葉せず枯葉が付いた状態をマレッセントといい、冬芽を各種障害から保護すると考えられる。垣根によく利用されているが、カナメモチ(商品名、レッドロビン）や雑木のアカメガシワ、北国ではヤマザクラのように若葉が赤い樹木は、開葉時期にもカラフルな景色を提供してくれる。これは、アントシアニンが幼葉を強い紫外線から守る働きをするためと考えられる。

（小池孝良）

2　樹冠ごとの紅葉のパターン

札幌南部に位置する羊ヶ丘実験林にはいろいろな落葉広葉樹が並木状に植えられている。秋が近づくと試験林のナナカマドは先端から真っ赤に色づきはじめ、シラカンバやウダイカンバは先端に緑色の葉が付いてはいるが、幹に近い部位から黄化して枯れ上がることに気づいた。枯れ上がり方はカンバ類と同じだが、窒素固定をするフランキア菌と根で共生するケヤマハンノキでは紅葉せず、霜の時期まで緑葉を付けている。私は、次に述べるが、材価の高い樹種を中心に、光合成機能を調べるため、毎日、枝先を採取して実験に用いていた。バイオマス資源としても注目されたシラカンバやウダイカンバでは、秋が近づくと幹に近い部位の葉から黄化して機能が低下し、落葉しやすいこと、ミズナラでは生える場所によって秋伸びすること、ブナやナナカマドでは樹冠先端から枯れ下がることなど、が気になっていた。

詳しく見てみよう（図6・1）。多くの樹種に目を向けると、春には幹に近い部分からほぼ順番に

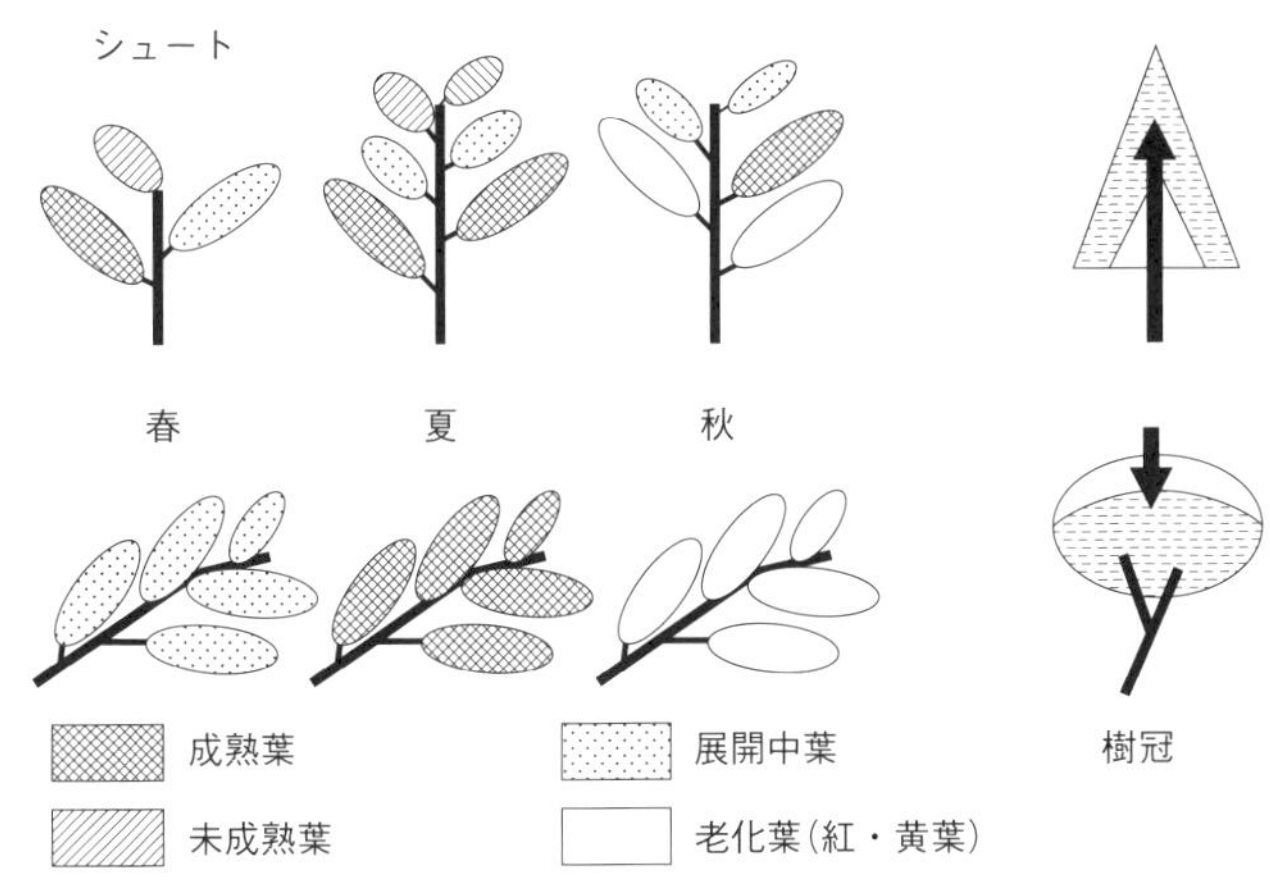

図6・1　落葉広葉樹の高木層構成樹種の樹冠の紅葉の進み方
開葉と樹冠の紅葉の仕方は連動している。矢印は樹冠の紅葉の進行の仕方を示す。
(小池孝良 山林 2015から転写)

開葉するカンバ類などでは、新しい枝が出て初めに展開した葉は、次第に日陰に置かれるため老化したものから枯れる。ケヤマハンノキの葉は紅葉しないが、カンバ類と同じ落葉の仕方をする。反対に、樹冠先端部分から枯れ下がってくるのは、春に葉を一斉に展開するブナ、シナノキ、ナナカマドなどである。ミズナラは生えている場所によって樹冠の紅葉の仕方は異なり、富栄養の場所では枯れ上がる。ここで、樹冠内部から枯れ上がるタイプの樹種では、個葉の寿命は樹冠先端から枯れ下がるタイプの樹種より30～100日短い。前者の葉は厚く強光を利用し、あたかも葉を使い捨てる生き方をする。一方、後者の葉は薄く丈夫で、一度出した葉を一生育期間に渡って利用する。

このような樹冠の老化の仕方は、春から初夏にかけての枝と葉の出し方と密接に関連する。すなわち、ケヤマハンノキやカンバ類など、葉を順次展開する樹種では、老化した葉から落葉する。また、枝は立っており樹冠として梢端が円錐型になる。一方、カエデ類、ナナカマド、ブナなど、春に葉を一斉に出す樹種では各々の葉齢がほぼ等しいため、樹冠先端に位置する葉が強光や、一日の中であっても大きな温度変化にさらされて老化が促進され、先端部から枯れ下がる。このような葉の出し方をするため、若枝はやや垂れ気味で樹冠は平面的になる。これらの樹冠の形は光の利用の仕方を反映するので、さらに光合成特性との関係を調べよう。

3　樹種の光利用特性

樹冠の内部から枯れ上がるタイプの樹種は、多くが先駆(遷移前期)種であり、枝の伸長期間は長い。開放的な場所で数ヶ月かけて伸びのびと空間を占める生き方なのである。これに対して樹冠先端から枯れ下がる樹種では、多くが遷移後期に出現する発達した森林の構成種であり、枝の伸長期間は短い。これは林内の限られた生育空間を短期間にさっさと確保する生き方なのであろう。なお、展開する葉の基は前年の初夏には完成し、先駆的な樹種では冬芽の中に用意されている葉の基は、虫眼鏡で明確に見える数は2、3枚であるが、遷移後期種では翌年展開する葉のほぼ全てが完

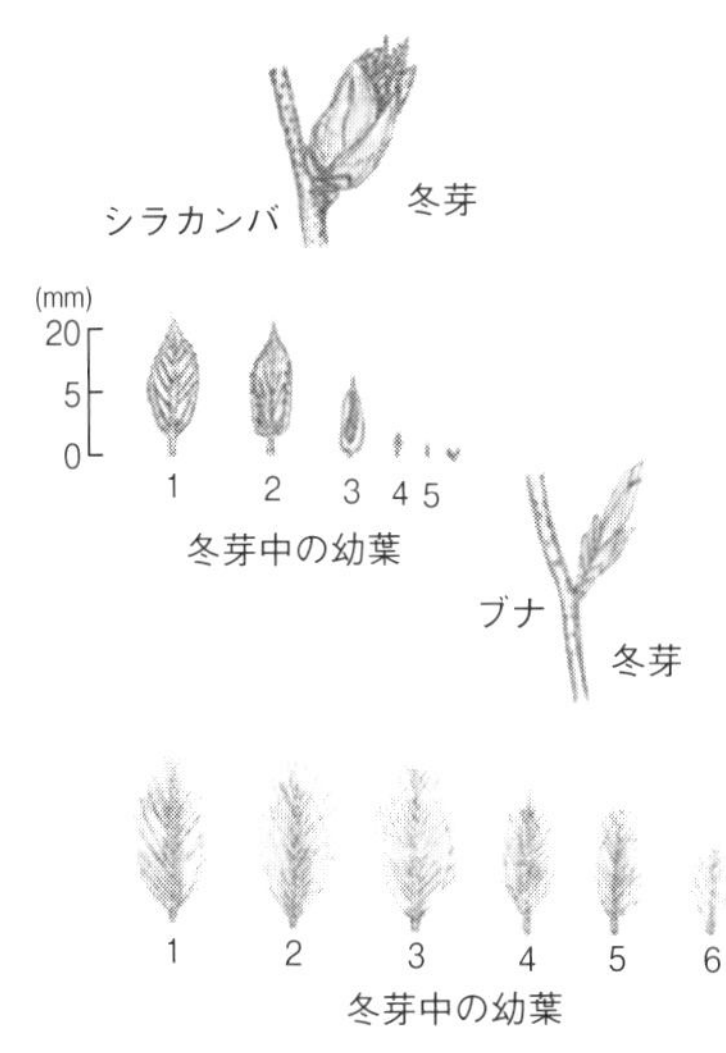

図6・2　開葉直前の冬芽の構造

成して、小さく折りたたまれていることが解る（図6・2）。

　ここで北海道の落葉広葉樹のうち中・高木になる30種の葉の光利用特性を成長と密接に関係する光合成能力から調べたところ、葉の厚い遷移前期樹種（先駆種）では光飽和域が高く、高い光合成速度を示した。反対に葉の薄い遷移後期樹種では光飽和域*が低く、弱光を上手く利用する光合成能力を示す（小池1991）。

＊光飽和域とはこれ以上光が強くなっても光合成速度が高くならない光域を言う。

　これら光合成特性と枝の伸び方との関係を見ると、枝の伸長期間の長い樹種は葉が厚く、その光飽和域が高く、反対に枝の伸長期間が短い樹種は葉が薄く（図6・3）、光飽和域の低い傾向がある。枝の伸ばし方と葉の厚さ、それに光の利用の仕方が密接に関連していることが解る。遷移前期樹種の葉は厚いが、内部を見ると意外なほどに空隙が多く破れやすい。これに対して遷移後期樹種の葉は薄いが、内部には隙間が余りなく破れにくい。これらの葉の構造と光合成特性から考えると、遷

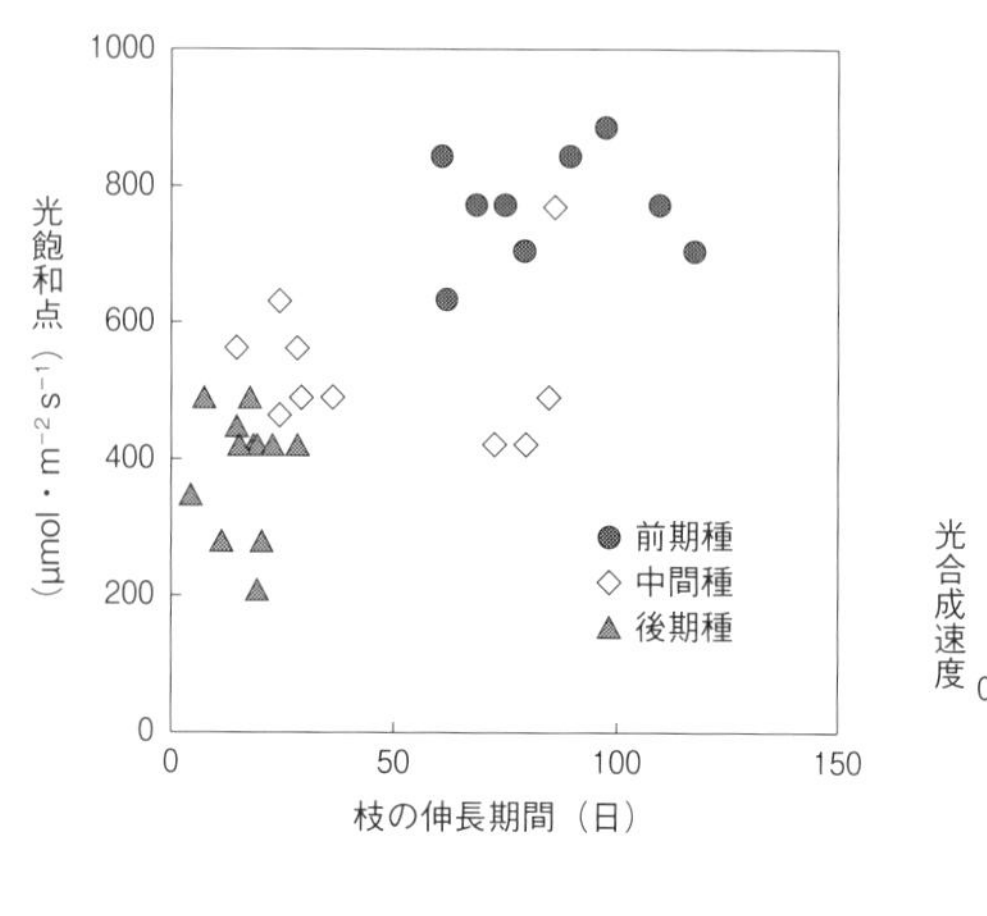

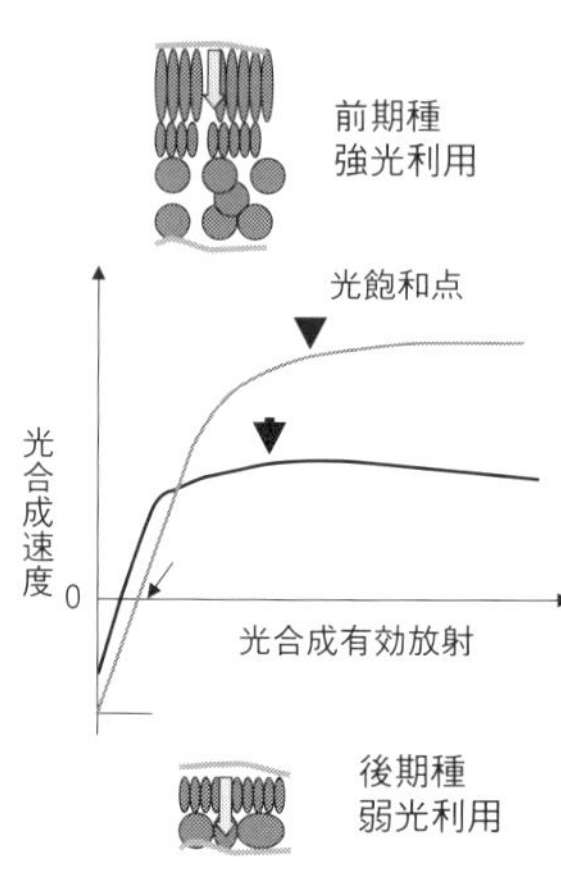

図6・3　枝の伸長期間と光飽和点、葉の厚さとの関係

移前期樹種では光合成速度の高い葉をどんどん作って成長を継続し、遷移後期樹種では光合成速度の低い葉を長く使う生き方をするようである。

次に、枝と葉は幹によって支えられているので、その特徴に目を向けたい。もちろん最終収穫物は幹であり、広葉樹の場合は色彩や木目が重要になるが、ここでは強度と関連する幹の比重に注目する。多樹種を同じ方法で比較した貴島ら（1962）の示した気乾比重を使用した。ダケカンバを除くと、光合成速度の高い遷移前期樹種では幹の気乾比重が0・4〜0・5と多くの針葉樹材なみに小さく、光合成速度の低い遷移後期樹種では気乾比重はイタヤカエデのように高い（0・6〜0・7）。幹の比重は強度と直結しているので、強度の高い樹種では林内での滞在時間が比較的長いと考えられる。森林博物館などでは、その山に生きていた巨木を展示することが多いが、それらの年輪を数えると、比重が似たミズナラやブナでは300～400年生存していた。シラカンバなどでは比重は高いが、寿命は短く100年程度であった。シラカンバでは樹皮にはベチュリンという抗菌物質を含むが材には無く、ひとたび傷つくと腐りやすいためであろう。

4　銘木を育む樹冠

樹冠の紅葉の進行の仕組みから考えると、内部から枯れ上がるタイプのカンバ類のような樹種では広い生育空間が必要である。利用現場では、目標径級[*]として幹の太さが樹種ごとに示されているが、野外調査のデータと付き合わせることで対応関係が解る。例えば、目標の胸高直径が約40cmの場合、ウダイカンバであれば樹冠直径は少なくても15mは必要であるが、ミズナラやハリギリでは樹冠直径は約9mでよい。ここで、力枝（樹体の下方に発達した一番太い枝）直下の断面積とそこから上の葉量には強い正の相関[**]があるので、一玉が得られる5m程度に下枝が枯れ上がれば、樹種ごとに求められる十分な生育空間を与える必要がある（表1）。ただし、不定枝の発生を防ぐために副木[***]は残

表1　目標径級と樹冠サイズ

目標胸高直径（cm）	樹種	樹冠直径（m）
46～40	ウダイカンバ	14
	ミズナラ	10
	ハリギリ	9
36～30	ブナ	7
	ニレ類	8
	ヤチダモ	7
24～20	ケヤマハンノキ	5
	サクラ類	6
	ミズキ	6

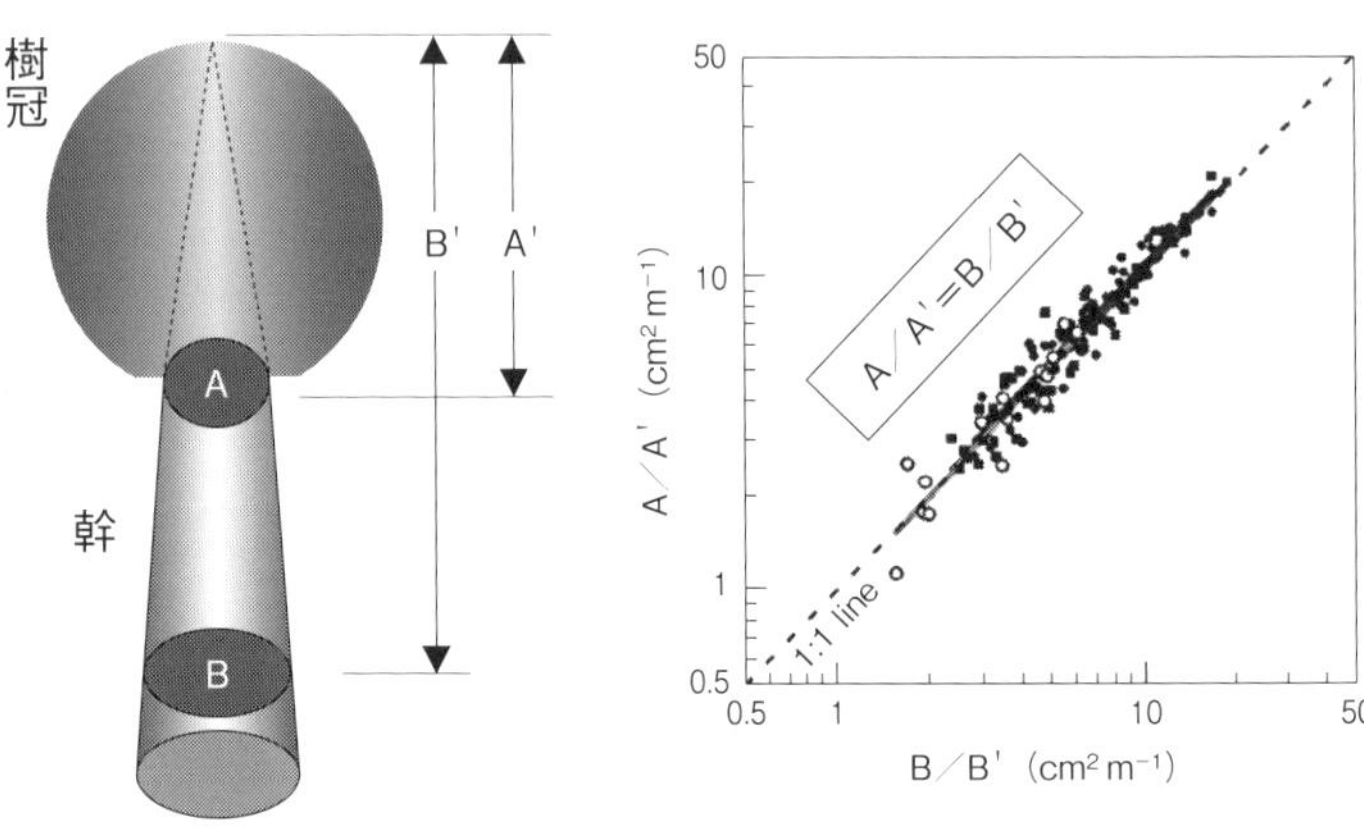

図6・4　胸高部位から葉量を推定できる（Sumida *et al.* 2009から作成）

す必要があり、林内美の創出にもつながる。

＊多くの広葉樹材は耐力構造が必要とされない部分で使用される化粧合板としての利用が多い。例えば単板積層材（LVL：Laminated Veneer Lumber）の表面を飾るのは、スライス単板で、歩留まりをよくするため厚さ0・2㎜程度まで薄い突き板をとることがある。複合フローリングやテーブルの天板のような場合はロータリー単板を使い、椅子などの家具材につかうカンバ類やミズナラは製材して使われる。目標径級は森林資源の保護と経済的視点から決められた直径と考えられる。

＊＊隅田明洋ら（2009）によって、胸高の幹面積（A）とパイプモデル基準値とも言うべき生枝（力枝）下の幹断面積（B）と胸高までの樹高（A'）と樹冠長（B'）との間にA／A'＝B／B'の関係が見出されたので（図6・4）、胸高部位の調査で林分推定葉量推定が可能になった。

＊＊＊立木（残す木：最終の収穫木）に対する言葉で、副木とは立木の成長を保証する働きをする木を指す。ザーシリッシュのポステル間伐で言う三級木が該当する。特に除間伐する時には、幹に光が当たると不定枝の発生を誘発するので、副木が存在することで不定枝発生を抑制できる。

5　激変する環境と樹木の応答

初めにも指摘したが、最近、紅葉の鮮やかさが損なわれることが多くなった。この原因は、温暖化の影響との指摘はあるが、紅葉の仕方からさらに考察したい。気温差、あるいは最低気温が上昇すると呼吸が高まって葉に十分な光合成産物が溜まらず、アントシアニン合成の原料不足になる。炭水化物の貯留への影響があり、高温では貯留量が減る。一方、寒冷地では気温が上がると光合成生産能が上がり、秋伸びの増加が考えられる。

一般に、遷移後期樹種では開葉する葉の大部分を前年初夏までに用意する「固定成長」を示す。しかし、土壌の栄養状態をはじめ環境条件がよいと、ナラ類に典型的だが、2度伸び（＝秋伸び）、場合によっては3度伸びをする。庭園木のカエデ類にも2度伸びが見られる。カエデやナラ類では、一斉に先端から枯れ下がり鮮やかな紅葉を示すが、これは樹冠全体の葉の齢がほぼ等しいためである。しかし、秋伸びすると、後から展開した葉は若いため紅葉時期に間に合わず、紅葉は加齢した古葉から始まるので樹冠全体の紅葉としてはくすむ。経済発展に伴い大気中の二酸化炭素（CO_2）濃度は増加を続けている。また、最近、偏西風によって様々な物質が運ばれ、「酸性雨」として我が国でも日本海側に面した各地を中心に多量の窒素酸化物が供給されている。これによって土壌は一時的には富栄養化するため、秋伸びが増えてきたと考えられる。土壌の富栄養化は、一時的には肥料の働きをする。しかし、小川（２００９）の指摘にあるが、富栄養条件では細根の肩代わりをする外生菌根菌の菌糸の発達が妨げられるため、結果として外生菌根菌に依存した生育をするミズナラなどの光合成活動が停滞し、活力が低下するため紅葉の原料不足も手伝って紅葉がくすむ。

光合成産物によって生産される幹を始め木部の特性に関連して、もう１つ指摘せねばならない。幹は樹冠を支え、林冠の土台を構成する。比重の値のようなデータは、50年前の値でも問題なく使うことが出来るかどうかである。水揚げのよい広葉樹環孔材は太い道管を特徴とするが、流速は道管径の４乗に比例するため、蒸散が抑制され水の運搬が抑制されると道管径が小さくなる可能性がある。高CO_2環境では気孔が閉じ気味になり、蒸散速度が抑制される。もちろん葉量も増加することは指摘したので、個体としてどの様な応答をするか厳密には解らないが、ひょっとすると道管の構造などに影響が出て、比重の値も見なおすことになるかも知れない。

次に11年間行ってきた野外でのCO_2付加実験（ＦＡＣＥ）を基礎に、予想される無機生産環境の変化が林分構造に及ぼす影響を紹介し、取り得るべき対策を概観したい。

6　環境変動の影響予測

温暖化防止に関する通称「京都議定書」では、議長国であった日本は１９９０年に対して６％の

CO_2削減目標を建て、その削減目標の3・8％を森林へ負わせることになった。この結果、第一約束期間では、目標を越えて8・4％を達成したという。しかし、第二約束期間からは日本は京都議定書から離脱した。その代わりに活動の透明化を求められている。離脱のためか、温暖化低減に関わる森林への世間の関心は、急速に薄れているように感じられる。

しかし、世界では、大気中のCO_2削減どころか増加の一途をたどり、マウナ・ロア観測所の結果からは、2013年5月13日には遂に400ppmを越えた。皮肉なことに2019年から始まったコロナ禍の影響で経済活動が停滞し、増加速度が鈍化した。しかし、北海道へ転勤した1981年当時、札幌郊外の羊ケ丘でのCO_2濃度が約320ppmであったことを思い出すと脅威を感じる。一方、光合成の基質であるCO_2濃度が増加すると生産に長期間を要する樹木では、成長が加速されると思われる。ただ、利用できる土壌養分や落葉落枝の分解系の制限など、CO_2増加＝成長増加、とはならない。ドイツでは、東西ドイツに分断された時代でも160年の月日を超えて、国土全体に設けられた60か所以上の固定試験地のデータ・ベース（＝SILVA：シルバ：森林）を構築している。そして、伐採後の林分の変化予測を数値と、画像で山林経営者へ、情報を提供するシステムが出来てきた（図6・5）。さらに、樹種ごとにCO_2増加の影響、成長を抑制する地表付近のオゾン濃度の影響を組み込んで、「切る・先延ばしする、その時の材価は？ 施業後の景観は？」を対話できるシステムを構築した。これは先に述べた産官学三者パーティーの成果だと言う

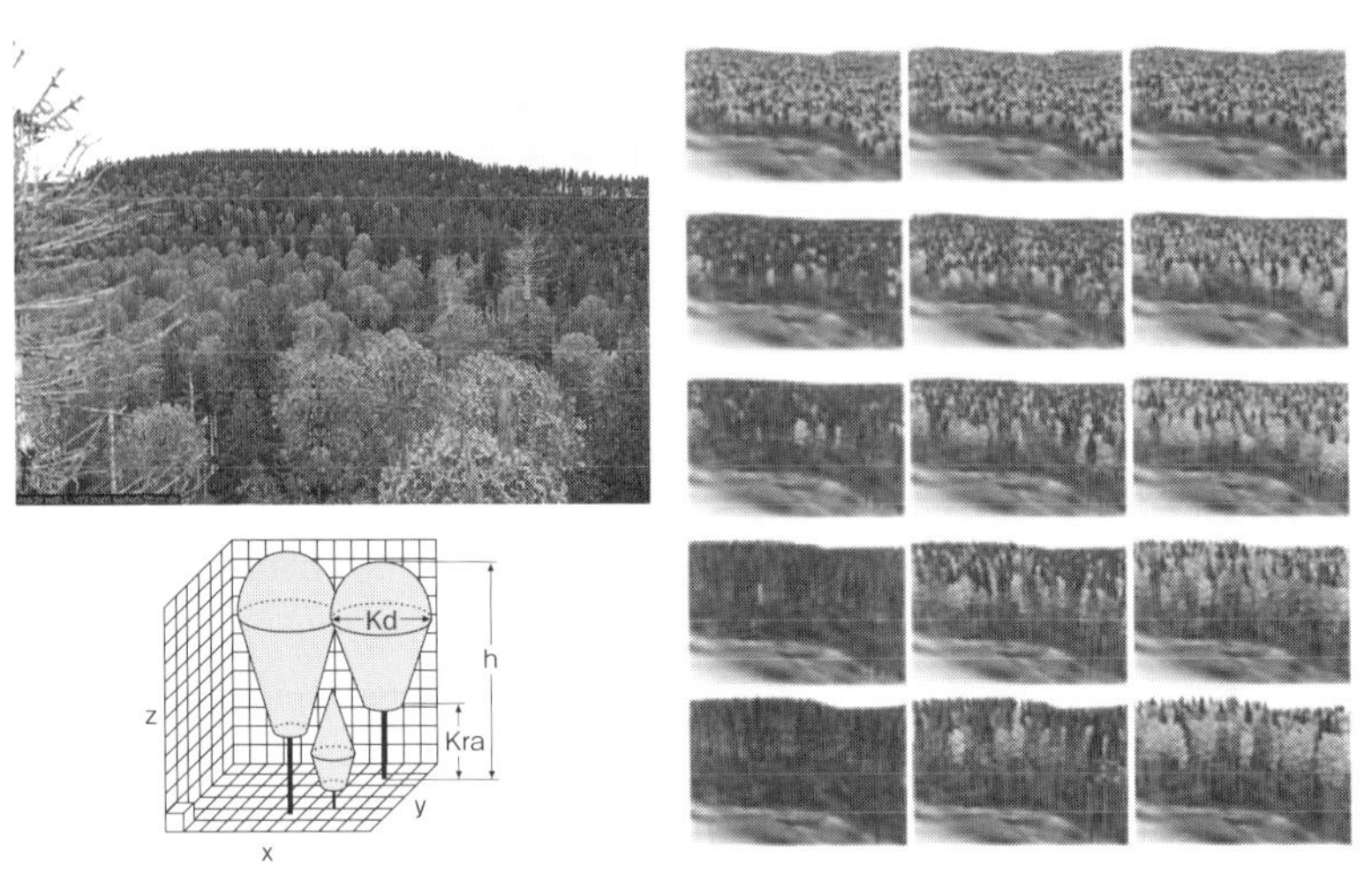

図6・5　固定試験地データから再現された伐採後の林分の画像(H. プレッチェ提供)

ことであった。

条件の組み合わせに〝きりが無い〟、と感じた点もあるが、環境変化の植生への影響予測が紹介されている。日本でも温暖化(温度上昇の影響のみ評価：CO_2の影響は組み込まれず)の影響評価が1990年代に、一時取り上げられたが、それ以降下火になった。そして分子生物系の研究者を中心にした取り組みがあって2013年で一段落した。基礎科学では、例えば〝CO_2の作用機構〟が解れば、学問的には解決、という流れである。アメリカNSF(国立科学財団)のプロジェクトに参加してこの流れを体感した。学問的には上手くいっても〝落ち穂拾い〟になることが多い〝CO_2応答の研究〟に対する研究者への興味は小さいであろう。しかし、基礎科学が応用科学へと展開した見事な例の1つを、ドイツでの顕著な研究とその成果をもう少し紹介したい。

植生科学をリードされた宮脇昭の「潜在自然植生と代償植生」*を生み出したドイツでの事例であるが、温室効果ガス（特にCO_2）による高温化や窒素沈着の影響を、現在の植生、潜在自然植生への影響を図化したのである（図6・6）。目立つことは、オウシュウブナ、オークは、本来からの基本的植生構成要素であり、オウシュウアカマツは人工林の要素として重要であることを示している。これに関連して、Dark diversity（潜在的分布可能種：訳は中静透）の根幹である種（しゅ）のプールの考え方が提唱されている（R・J・レヴィス2017）。特定地域には存在しないある種のセット、これらは、ある特定の種のプールに属するが、それらが現実に見られる多様性に生態学的に重要な役割がある。当然、景観は大きく変わるので、この様な視点は、植生の主な構成種が少ない中欧の例ではあるが、これからの森林の景観保育にも留意する必要がある。

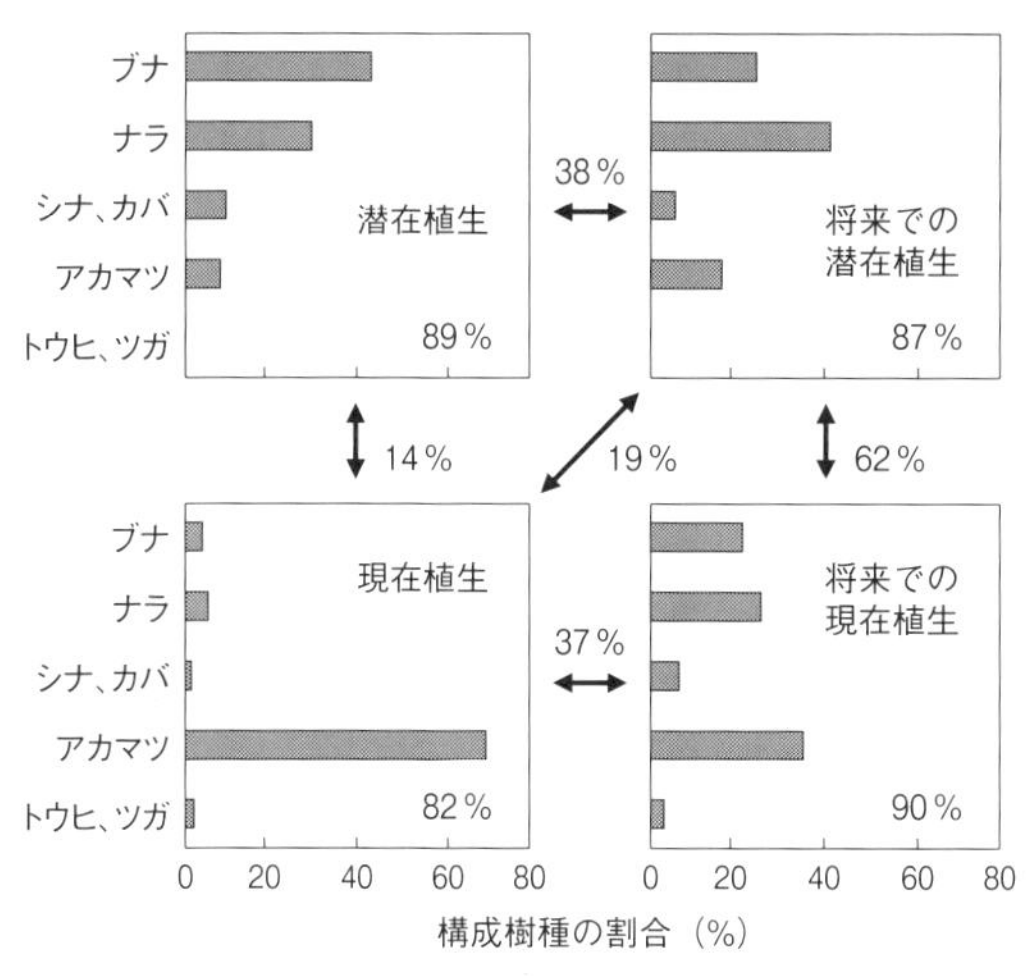

図6・6　潜在自然植生も加味した環境変化後の中欧での植生変化と類似性（%）
（ドイツ北東部低地帯の例（Scherer-L. *et al.* 2005））

＊潜在自然植生は植物生態学上の概念で、一切の人間の

干渉を停止したとするとき、現状の立地気候が支持できる植生のことを言う。１９５６年、ドイツの植物学者Ｒ・チュクセンによって提唱され、日本へは宮脇昭によって植林の考え方として利用されている。現在、我々が接する植生（現存植生）の大部分は伐採、植林、家畜などの放牧、環境汚染などによる人間の干渉を受けて形成されている。これを代償植生という。

7章　操作実験による樹木応答へのアプローチ

1　実験による取り組み

野外でのCO_2付加研究は欧米の研究が一段落した2001年に採択された文科省系の予算がきっかけであった。正直、二番煎じの典型的研究という印象であり、デューク大学のR・オレン博士らの強い要請と甲山隆司ら同僚らの激励が無ければ、手出しはしなかった。しかし、日米会議での指摘もあって安岡善文や及川武久、その後、射場厚、寺島一郎、彦坂幸毅のご支援の下で、結局、11年間、開放系大気CO_2増加（FACE）実験に取り組むことになった。それに至る経緯を少し述べたい。

1960年代から、ドイツや北欧では森林内に実験室が設けられていた。日本でも東京大学植物生態学研究室はバン・タイプの自動車に実験室を設けていた。一方で、人工気象室が筑波には建設された。大気汚染物質は垂れ流すことが出来なかったこと、野外では再現性が得られないことが背景にある。しかし、1991年にオーストラリアの研究者W・J・アルプが、高CO_2の実験に関連して、横軸にポットの容量、縦軸にCO_2への応答の比（高CO_2／通常）をプロットして、従来の研究成果を根底から批判した。根が（シンク）制限になるため、従来の結果は再検討が必要であるという内容であった。

この弱点を克服できる開放系のCO_2付加施設（FACE：Free Air CO_2 Enrichment）が、1993年には北米東部のデューク大学演習林（砂質土壌）のロブロリーパイン人工林に設置された。以下の結果は、立木密度に依存するが、対照に比べCO_2付加後3年は成長が増加し、続く4年間の成長は変わらず、その後、再びCO_2付加区で成長が増加した。落葉の分解が始まり養分が利用できる様になったことが生態系を維持しているのである。世界各地でのFACE実験が一段落したころから、規模は六分の一程度で最後発の実験を開始した。いくつかの成果が得られたが（小池ら2013）、その1つに、森林によるメタン（CH_4）吸収（＝消費）機能の変化を上げることが出来る。

2　林床はメタンの消費（吸収）源

温室効果の指標である放射強制力から見ると、メタンの大気中濃度は11・8ppmほどで、CO_2

の200分の一以下である。しかし、質量ベースではCO_2の23～25倍の温室効果をもたらす。メタンの生成は嫌気的状態における有機物の分解過程で生じる。大気CO_2濃度の増加によって有機物量が増え、土壌への供給量が増える。この結果、湛水（＝嫌気）条件ではメタン生成菌の働きでメタンが生成される。森林におけるメタン消費（＝吸収）は、土壌中のメタン酸化菌等の微生物によってメタンが分解されるために生じる。土壌が乾燥しているとメタン吸収速度は大きく、湿っていると小さくなる傾向が確認された。日本の森林は土壌が火山灰起源の影響もあって孔隙が豊富なために森林土壌のメタン吸収速度が高く、多くの森林はメタンの吸収源だと考えられている（石塚・清水2010）。このメタン吸収速度を低下させないためには、林床表層土壌を好気条件に保ち、落葉落枝を含む森林土壌の孔隙率を高く維持することが重要であろう。

3　大気CO_2濃度増加と林分環境

FACE研究の対象樹種はケヤマハンノキ、シラカンバ、ウダイカンバ、ヤチダモ、ハリギリ、ハルニレ、ミズナラ、ブナ、イタヤカエデ、シナノキ、そしてカラマツであった。しかし、ケヤマハンノキは実験開始から3年目には虫害で枯死した。本研究では、森林樹木の炭素固定機能を木材生物学の船田良や渡邊陽子らとともに水分通道の視点から解明した。大気CO_2濃度が500ppm

に達する２０４０年頃の大気環境では、気孔が閉じ気味になって蒸散速度が抑制され、道管の密度や直径が低下すると考えた（Eguchi *et al.* ２００８）。この予想は、葉柄とシュート（枝＋葉）部位では確認されたが、幹では確認出来なかった。この理由は、高CO_2環境では上層木のシュートが増え葉量も増加するため、個葉の蒸散速度が低下しても、葉数が増加するので、個体としての蒸散量には差が無かったことが推察された。

林内構造変化の予測は、熱帯林での研究を基礎にOikawa（１９８６）がシミュレートを行った（図７・１）。FACE実験やOikawaの予測のように、CO_2付加開始後三年目まで、生育空間が閉鎖するまで上層木では明瞭に葉量が増加した。

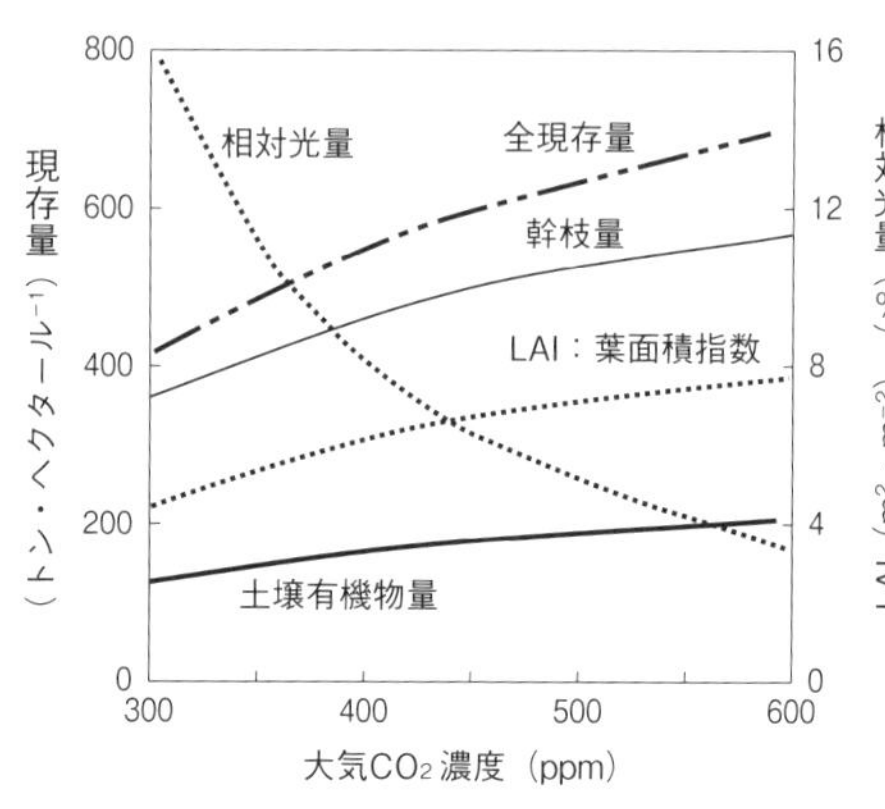

図7・1　高CO_2環境によるLAI（葉面積指数）と林床へ届く光量、その他バイオマス量の変化（Oikawa 1986）

この結果、土壌含水率が高CO_2処理（FACE）区で増加した。この理由として、上層木の葉量が増えたとはいえ、高CO_2条件では気孔が閉じ気味になり、蒸散量は対照区と大差が無いと考えられる。しかし、林床へ到達する光量が18%から５%へ激減した。このことが、以下に述べるようにメタン消費（＝吸収）速度に関連すると考えている。

ＦＡＣＥ施設で数度の測定をした結果、施設内の林床へ到達する光量が減少していた。この光量の減少は林分構造に影響し、土壌水分の動態を介して、林床からのメタン放出に大気CO_2濃度が関わっていることが明らかになった（Kim *et al.* 2011）。詳しく見よう。

4　林床からのメタン発生

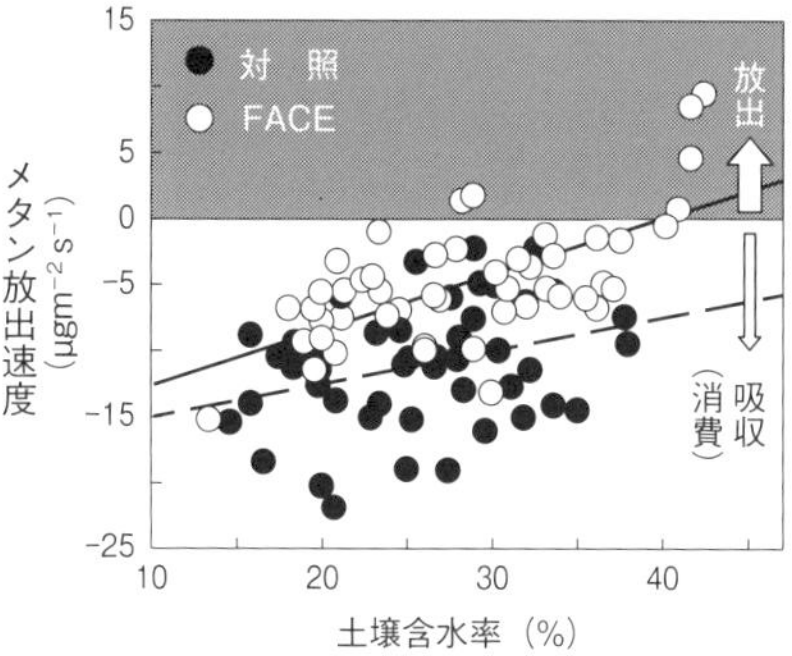

図7・2　高二酸化炭素環境になると、森林土壌からメタンが放出される（Kim, Koike *et al.* 2011）

CO_2付加開始後、樹冠閉鎖後2年間に渡って閉鎖式チェンバーによる土壌からのCO_2とメタンの放出を測定した。その結果、褐色森林土の土壌含水量は未成熟火山灰土壌よりやや多かったが、メタンの吸収量はＦＡＣＥの高CO_2条件で少ない傾向があった（**図7・2**）。一方、土壌の孔隙率は褐色森林土では約12％、火山灰土壌では約40％であったが、しかし、孔隙の多寡を介した土壌タイプのメタン吸収への影響は、我々の実験では明瞭ではなかった。大気CO_2濃度が約５００ｐｐｍでは、メタン吸収速度が対照区と比べてやや小さく、また土壌含水率が約30％以上になると頻度は低いがメタンの放出が見られた（小池ら２０１４）。

図7・3　約40年生トドマツ人工林間伐後の入射光（札幌・羊ヶ丘実験林）

なお、現在の大気環境でも土壌含水率とメタン吸収の傾向は島根のスギ林での調査でも同様の傾向が確認されている（藤巻・山下2012）。

5　環境保全のための除間伐の推進

大気CO_2濃度は2・5ppm／年以上の勢いで増加している（マウナ・ロア）。先述のように上層木の枝葉が繁茂し、林床が嫌気状態になれば森林はメタンの吸収源から、発生源になり得る。スギ・ヒノキ林での調査結果から、将来の気候変動においても、降水量の増加は森林のメタン吸収を減らし、土壌の乾燥化はメタン吸収を増加させると考えられる。各地で戦後に植えられた膨大な人工林が間伐を待っている。これまで、高品質材の生産に重点がおかれた間伐であるが、さらに、積極的にメタン吸収速度を維持し、可能なら吸収

(＝消費)を増進するためにも林内への光の導入を促し(図7・3)、林床の表層土壌を乾燥状態にする意義も強調したい。もちろん間伐の程度は、林分や立地によって異なるので各地での検証も必要と思われる。しかし、このような視点からも間伐を実施することが求められる。人工林という人工物を作ったわけなので、手入れが前提である。

8章　巨樹の扱い

1　装飾としての老木

子供の頃には、裏庭の大きく枝を張ったカキノキに、柿の実を取るだけではなく、今風に言えば「ツリーハウス」を造って遊んだ。多くの時間を木の上で過ごした。複雑な樹形は不気味でもあったが、その分、登りやすく愛着もあった。タンニンなどポリフェノールの多い葉は塩漬けにして保存し、酢飯をくるみ、寿司にして重宝した。このほかにも、生活の中にいつも樹木の存在があった。長年、風雪に耐えて生き抜いてきたこのような巨樹には、存在するだけで人々に感銘を与える力がある。その存在に、私たちは世紀を超えて生き抜いてきた生命力に感動する。

ザーリッシュの森林美学では、巨樹のナラのことや愛称エミリーブナ（図8・1）の扱いについて、次のように論じている。「崇高さは、衰退の中にすら、本来備わった高貴な美、つまり悲愴美をも

図8・1　ザーリッシュの“エミリー”ブナ（海青社 2018）

たらす。しかし、もし我々が、そのような美を実現しようとしたとしたら、我々は、詩の出生を考える必要がある。詩の中では、英雄を自立した者として登場させることはない。詩人は、英雄を、彼を支え、あるいは彼と戦う凡庸な登場人物で取り巻くのである」。ここで言う英雄は巨樹・老樹を指す。森林美学では、巨樹の役割を深く考察し、巨樹は森林を装飾するものとして位置づけている。詳しくは後述するが、このような考え方は洋の東西を問わず、かなり共通する（筒井 1996）。まず、森林美学の生まれた背景を再考し、人々に畏敬、尊厳、潤いを与える森林における巨樹の存在意義を考察する。

2　森林風景計画の要件

田村剛（1929）によると、森林風景は天然資源であり、その開発と利用は地域・国家に好影響を与える、とした。アメリカの美的林学やザーリッシュの森林美学は、主に林内の美を追求する林芸であって、上記の達成にはやや狭小としており、国土計画としての森林風景計画が求められる。田村は国立公園の開祖であるが、公園とParkの意味を次のように解説している。「公園は正確にはPublic Park(Garden)である。Parkは本来、囲まれた場所という意味であり、林苑と訳すべきであろう。また、風景を捉えるには、精神的美が求められる」。この点は後述する。

絵画的浪漫主義の美を基調とした森林美を追求し、それに影響を与えたイギリスのギルピンは天然林を愛でた(瓜田2006)。これに対して人工林型の森林風景とは、人為で成立したものであり、また一見、天然林に見えるが、実は人工的に作り上げた森林を言う。今田敬一は、この風景美の特徴は建築的古典的美であると指摘した。ザーリッシュはこのことを基礎に森林美学を構築した。田村剛は言う「風景は、時間的空間的に移動するので、森林美学の概念は風景計画上、重要である」と。この点は環境変動の章でも紹介した。

樹種に関連して森林区分を行うと単純林と混交林になる。前者は荘厳な美であり、後者は優美な美を表す。美しいのは異齢林の天然林型である。これを模倣できる択伐林型の美の例を田村は示した。ただし、風景の美は、何度も述べたが、鑑賞する人の「能力」に応じた美が発見されることになる(田村1929、ベルク1990)。この点を日本人の森林感から、さらに見ていこう。

川瀬善太郎は、「旧来の森林経営を改め、欧州から導入した学理で森林経営の基礎を確立せよ」とした。これに対して、間伐の定義を樹立した寺崎渡(1950)によると、日本が大きく影響を受けたであろう「自然征服の思想」に立った欧州林学を改め、かつての日本人が持っていた「樹木愛護の精神へ立ち返れ」とした。ここで、日本人の森林感は、1．樹木・森林信仰、2．四季を慈しむ心情、3．儒学に基づく森林感（よく地利を尽くせば國富む）によって示される、と森林文化学を推進した筒井迪夫は主張した。春には鍬入れ式を、秋には収穫祭を催し、自然に抗わず文化を造ってきた、我々、森林技術者の個々の心には、自ずから、実は巨樹への畏敬があると思われる。今、自然史から人類史の風景を保全することが求められる。自然景観の多様性を保全することは、豊かな文化を守り、我々の独自性を守ることになる。

3　再び森林美学誕生の背景

「森林は木材の生産工場であり、森林所有者はそこから最大の収入を得る」、という土地純収益説が少なくても19世紀半ばから20世紀は主流であった。この説から「最も合理的な施業が行われた森林は、最高に美しい」という考えが生まれてきた。事実、森林美学の定義は「施業林の美に関する学である」とされる。しかし、森林美を定義する時にドイツの哲学者であるシラー、ヘーゲル、クラウゼらの影響を無視できない。これらの概要は筒井（１９９５）の見事な解説があり、紹介したい。

シラーは、純粋な愛と神を尊敬する人間に支えられた国家に理想を見て、「技術合理の中に美がある」とした。ヘーゲルは「美しいモノには普遍と特殊、目的と手段、概念と対象が完全に浸透し合う」と論じた。クラウゼは万物在神論者であった。〟と論じている。ここに紹介されているが、神への絶対視と畏敬との〝万物在神〟の考えがあり、そこには、当然、巨樹への思いがある。

ザーリッシュは、彼らの理論と思想を背景に、樹木の美的価値、伐採・植栽時期、地形・風景の美、林道開設の要件、森内施設の問題点などを考究した。その到達点が、「技術合理による管理のなされた森林は最高に美的である」と針葉樹人工林の施業を論じた。この考えは、1885年に出版された「人工林の美学」に記され、当時、ドイツ林学会でも一時的には受け入れられた。

もともと土地純収益説に基礎をおくザーリッシュの「人工林の美学」の考えは、上述の川瀬善太郎によって1893年に紹介された。その後、1910年には同じく造林学の本多静六がH・ステッツェルのWaldesschönheitに「森林美」の訳語をあてた。その後、本多は北海道・函館の大沼公園を始め、明治神宮の永遠の森の設計、巨樹の林立する厳かな雰囲気の森造りや景観設計を実践した。この当時の内閣総理大臣であった大隈重信は、日光東照宮のスギ並木を至上として、本多らに明治神宮の「鎮守の森」造りを指示した。しかし、本多らは、土地柄・森林の立地環境から判断し、常緑広葉樹が主体の森を設計し、今日にいたる（今泉2013）。このことは、林学・森林科学を志す私どもに、論理に基づく森林造成の範として「不朽の名作」だと、私は考えている。上京するたびに豊かな森を感じている。ザーリッシュの森林美学には森林美増成の手段として7項目が掲げられており、その四番目に岩石や老樹による装飾が挙げられている。特に老木（巨樹）の保護と活力を維持する方法を今で言う樹木医学的な論議をしている。

4　森林樹木への崇拝

神社に不可欠の巨樹は、厳かな雰囲気を醸し出すのに重要な役割をもつ。今田（1972）は、「そそり立つ常緑針葉樹は沈静な暗い緑で、全体の形は空に向かって上昇することからゴシック寺院の尖塔に似る」と記した。霧に煙る針葉樹林の美しさは、伝統的な京都の北山林業でも紹介され、観光資源となっている。

ザーリッシュの森林美学が著された時代には、多くの林学者達が巨樹・老樹の意味づけを行った。筒井（1997）の解説から紹介しよう。年代順に名言を眺める。「老樹は国民の精神的向上に好影響を与える」ケーニッヒ（G. König）。「森林の最も美しい物は老齢の樹木や森林であり、自然愛好家には、格別の芸術的価値がある」ブルックハルト（H. Burckhadt）。上述のステチェル（H. Stötzer）は「老樹が混じらない単調で〝年齢の混じらない〟森林には森林美がない」と述べた。年代は不詳であるが、「古代建築などが保護されるように、（ドイツ）民族の歴史と密接な関係を持つ老樹の保存は森林美の一部である」とトルマンレン（Thormanlen：生没年不詳）は述べたという。いずれの名言にも、

図8・2　ビッキのアカエゾマツ（北大中川研究林筬島地区）
（写真提供：北海道大学中川研究林）

大規模開発が行われる前からドイツの森を育んできたナラやブナの巨樹への畏敬が感じられる（杉野 2006）。次に身近な例を紹介しよう。

北大天塩研究林（稚内の南）の近く、サロベツ原野の「言問の松」が、孤高の人のごとく地域の皆を引きつける。「松」とあるが、実はイチイの大木で、秋田から入植した方々が「古老の如く、何もかもを知っている存在」として「言問」と称し、保存してきたという（牧野 1998）。北海道大学中川研究林の筬島（おさじま）原生保存林には、木彫刻家、砂澤ビッキ*の愛でたアカエゾマツがある（通称、ビッキのアカエゾ：樹高約35m、胸高周囲長は約5m）（図8・2）。このアカエゾは、彼の作品のファンを中心に、その偉業を偲び、森林での鋭気を養うため、毎年、中川研究林の職員の参加を得て見学会が催されている。2004年の台風の時に樹冠に損傷がみられ、このアカエゾの衰退が懸念されている。そこで、採取したタネから子孫を残し、育てる準備を地元のエコミュージアム・砂澤ビッキ記念館と中川研究林では進めている。「ビッキのアカエゾ」の子孫が巨樹に育つことを願っている。

ちなみに、中川研究林は北緯44度44分44秒に位置するアカエゾマツには「タイムカプセルの森」としての使命をおびた林分がある（佐竹 2001）。樹幹に傷ができ、それが成長によって巻き込まれる（入り皮）ことで、その時の汚染物質などが長く保存される。この入り皮を分析すれば、その当時の環境を推定できる。老樹には、実はこのような役割も期待できる。

＊「私の作品は風雪と言うノミが完成する」として、野外に展示された作品の修復を拒絶した。そこに自然と共に生きてきたアイヌの民族の神髄を感じる。中川研究林のトーテムポール、札幌・芸術の森の作品「4つの風」などに彼の思想が息づく（北海道新聞社 2020）。

新島の留学先・ドイツのギーセン大学ではH・ヴェバーが「林業家の活動は、人類の文化に貢献する倫理的行為である」とした。当時、主流と思われる木材生産による経済活動に焦点をおいた土地純収益説ではなく、森林純収益説の立場にたっていた。「林学の基礎には、経済学だけではなく、自然科学、美学、法律、国家学、教育学が重要である」とした。さらに、「芸術を欠いた生活は存在に耐えないが、美的要素を考慮しない林業は満足な姿ではない」と述べたという（筒井 1996）。また、ミュンヘン大学長を努めたギーセン大学出身のバウエル（F. Bauer）は、「ドイツ人の森林愛護の観念は、森林賛美という国民性にある」とし、ドイツ民謡には森林由来のものが多いことも指摘した。そして「数百年を生き抜いた老大木を大切にせよ」とも論じている(レーマン2005)。

今田(1972)は森林美の育成の指針として、次を挙げている。その第一番目に「森の美しさを保護する」と主張している。続いて老樹や名木などを保護したいと述べ、自然保護がもっとも身近で実行しやすい方法であると論じている。彼はまたシラーの〝人間の美育に関する書簡〟に注目した。そして、森林家には、「技術合理の中に美がある」とする理論に基づき、森林美の育成への義務があると述べている。また、我が国の国立公園の父、田村剛は巨樹について次のように述べている。「林木は年齢を加えるにつれて樹種特有の個性を発揮し、ただ大きさを増すだけではなく、年齢の経過を顕著に外観に刻み、偉大な人格者から受けるような印象を人々に与える」。我が国の巨樹ブームの背景にも、この思想があると考えている。さらに探ってみよう。

【コラム8】 今田敬一の教えとその後

「森の美しさ」は誰のものか。有島武郎などを輩出した北大美術クラブ「黒百合会」は2009年に設立百周年を迎えた。これを記念して2010年には「今田敬一の眼」と題する展覧会が北海道立近代美術館で開催された(佐藤2010)。この紹介記事には、今田の言葉として次の一節がある。「振り返ってみると、絵を描くことも森林の学問も、ともに生まれ育った北海道の自然環境が必然的に歩ませた

〝私の道〟であった。美術への傾倒は私の人生を豊かに彩ってくれたと同時に、絵を描くことによって培われた直感力、洞察力は、学問の上にも大きなプラスとなっている。学問の営みは分析であり、絵画のそれは総合である（以下略）」。これはK・ガイヤーやH・マイルの教えに通じる。

今田自身の考えは、1972年に雑誌「林」に、その先見性を自身が紹介している。その中心的課題は、以下に要約される。美しさを育てる森林の育成とは、（1）森の美しさを保護する。森の自然美を保護する（→森林美の育成）。（2）森の美しさを開発し、その美しさを堪能できるようにする。案内板の設置を行う。（3）森林を装飾し、造園化する（ただし、人里において）。自然林の美しい場所は対象にしない。（4）林業技術を風致的に理想化するが、それは、施業林を対象とする。美しくない取り扱いには欠点がある。

この考えに至る過程には、スイスのフェルバー教授の言葉の影響があるという。（1）林業教育には森林美も必要、（2）大都市周辺には森林を残す、（3）森林面積の拡充を図りたい、（4）私有林は国公有林化する、（5）私有林化しない、（6）森林風致を考慮しない施業は認められない、（7）森林管理署は森林美化の予算を計上するべきである、（8）森林美化に関する活動に財政的援助を行うべきである。ザーリッシュの森林美学には、「木々の美的価値」の一節がある。この考えは新島・村山の森林美学の骨子をなしている。森林美の育成、森林美化の意味は、「美の視点に立って森林を仕立てるならば、森林経営も誤り無く実施できる。美を目的にすることで、それに適した経営が可能になるからである」にある。

ここに、北大森林経理学の中島廣吉は、「森林は風致を美化して吾人に休養遊山の場所を與（与）へ、斯くして國民の保健教化に稗益（ひえき：役立つ）することが少なくない」と森林美学の役割を述べている（1947）。さらに、新島善直宅に寄宿した当時の御料林の技師であった井上由扶（後の九州大学森林経理学教授）は、林業経営を行うために「秩序だった森林施業計画を樹てる理論と方法を研究」を唱え、保続性・合自然性原則を基本とするとした。そして、経済原則（1）公共性、（2）収益性、（3）経済性、（4）生産性に加え、福祉原則の（1）合自然性、（2）環境保全、（3）森林美、（4）保続原則を提示した。

【文献】

佐藤文香（2010）「『今田敬一の眼』解説文」、北海道近代美術館

（小池孝良）

5　森の巨人

林野庁は2000年に全国の国有林の中から、「森の巨人たち百選」を実施した。その条件は、「地面からの高さ1・2mのところの直径が1・0m以上あり、地域のシンボルとして親しまれていること」である。こうして選ばれた中で、太さの最高は屋久島・縄文杉の幹回り約16mであった。個人や企業などからの寄付金で巨樹保護基金が作られ、各地の協議会などの自主活動によって保護活動が行われている（平野2001）。しかし、比較的短期間での調査であったため、その後、林野庁の選にもれた巨樹を中心に「おらが村の巨木百選」が、各地でも行われている。これらの背景を

森林美学と日本人の森林感から考察を続けたい。

「森の巨人たち百選」には、スギやクスノキなどが多いが、北海道では、昭和の森のクリ、置戸の三本桂など11本が選ばれた。特に乙部町の縁桂には、融合部があることから夫婦円満のシンボルとされ、樹前結婚式に人気がある。北海道乙部町では巨樹巨木サミットも開催され、地域振興に貢献しているという。園田圭佑は、卒業論文作成のため乙部町に泊まり込んで、縁桂、そして巨樹の役割解析を行った。その活動は、函館新聞などのマスコミにも取り上げられ、巨樹の役割について周囲への理解も進んだ。北大銀杏（イチョウ）並木は、市民の要望もあってライトアップされ、多くの市民に愛される名所になって来た。しかし、戦前はサクラの並木であったと言う。イチョウは樹皮が厚く燃焼しにくい性質が街路樹に選ばれる理由とも聞く。神社境内でもイチョウの巨木を見かけるが、観光地になっている例は多くはない。２０００年の林野庁「森の巨人百選」では、在来種を中心に選ばれたこともあってかイチョウが選ばれていない。

【コラム９】　巨樹イチョウの位置づけ

本コラムでは、銀杏（イチョウ）の巨木としての特徴とその存在について目を向ける。イチョウは、１９９０年の「国際花と緑の博覧会」（花博）をきっかけに始まった調査では、スギに次いで二番目に巨木が多い樹種だとわかった（森林性ではなく外来種のためか、２０００年の林野庁「森の巨人百選」には収録されていない）。

そのイチョウの巨木だが、東北・北海道を中心に広く調査したところ、樹高に比べて幹回りが太いという特色が見られた（向出 2016）。その理由を形や樹齢から検討したところ、一度折れた後に再生した結果、横幅になっていたことがわかった。向出は、イチョウの折れた主たる原因は、日本では1420年頃から始まった寒冷化現象、つまり小氷期（吉野 1983）の影響ではないかと指摘している。

この1420年頃から始まる寒冷化現象は「応永の飢饉」として名高く、全国を飢餓に追い込んだ。そして、1459～61年の「長禄・寛正の飢饉」は難民を大量にうんだ。その難民を安価な兵卒にすることで、戦国時代への転換点というべき応仁・文明の乱という大規模戦争の長期化を引き起こし、混乱を拡大させたという（藤木 2001）。

さて、イチョウの巨木の特徴をみてきたが、今度は名所としてのイチョウに目を向ける。全国的な名所としては、鶴岡八幡宮の「隠れイチョウ」（鎌倉幕府の三代将軍である源実朝が、甥の公暁に暗殺された現場）が有名だが、このような珍しい事件が起こった場所を除き、イチョウの巨木が全国的な観光名所になっている事例は多くはない。どちらかといえば、地元の名所となっている。その理由の1つは、イチョウが「乳信仰」に結びつくことがあげられる。イチョウ巨木の〝錘下気根〟（地上部に出ている根）は乳房を連想させる形をしているため（図：深浦の垂乳根イチョウ）、イチョウの樹皮を煎じて飲むと授乳が巧くいくという民間信仰が、江戸時代を中心に、それ以前の伝承を上書きするほどの強さをもって広まったという。また、搾乳期間に赤子を失った場合、お乳をお椀に集め、捨てるのではなくイチョウに「預ける」という行為が行われてもいた。このような子育てに対する切実で悲しく、身近な思いが、

図　乳信仰に伴う奉納のワラジと垂乳根(長野県生坂村)
(写真提供：向出弘正氏)

イチョウにはつまっているという(児島２０１８)。

最後に、近代になってから人気を博したイチョウをみておきたい。北海道札幌市の観光名所で、市民にも愛されている北大のイチョウ並木である。しかし、意外とその歴史は新しく、もともとは桜並木であったが、第二次大戦の頃、火に強いイチョウに植え替えた(防火対策を主な理由として１９４１年頃から大々的に開始した)のがその始まりである。

ところで、札幌市の人口は元々20万人ほどであったが、１９４７～５７年前後にかけ、引揚者と復員者の方々を迎え、一挙に40万人ほどに増加した。その結果、多くの市民にとってイチョウこそが北大の並木として知られ、そしてまた、新たな発展を始めた札幌と共に成長していったイチョウの若木は、市民たちの愛着を得たのだろう。このような新たな人気獲得もある。

【文献】
吉野正敏編著（1983）気象研究ノート、147：1～117
藤木久志（2001）「飢餓と戦争の戦国を行く」朝日選書
向出弘正（2016）（収録：日本北方圏域文化研究会編、東北・北海道のイチョウ）、秋田文化出版、71～76
児島恭子（2018）札幌学院大・人文学会紀要103：73～85

（小池辰典　東洋大学大学院文学研究科）

さて、ザーリッシュの森林美学に登場する愛称エミリーブナは、その樹形の写真から、古くからヨーロッパで行われて来たポラードという「台伐り萌芽」によってできあがった樹形であろう。この方法は放牧圧から更新個体を保護するために考え出されたという。日本語では「あがりこ」と言われ、その更新方法は台株更新と呼ぶ。エミリーブナの樹形は、新潟県から山形の豪雪地帯に広く見られる「あがりこブナ」と酷似している。一般に多くの樹木は年を重ね、大径になると萌芽しにくくなる。しかし、ブナは株からの萌芽数本を残すことによって、「台木」部分が200年以上経っても萌芽を生産し続け、里山地域に薪などの木材資源を供給しタタラなど製鉄に貢献してきた。

宮崎駿監督の「もののけ姫」の森の神「シシ神」に代表される自然の化身と人間の欲望の対比が、恐らく巨樹への畏敬と憧れに繋がると感じた。留学生対象の講義でも「もののけ姫」の話題を紹介した時に全員が聞き入ってくれた。彼らも教材としてThe Princess Mononokeを習ったそうだ。特に中国や韓国からの学生さんが涙目になって、うなずいてくれたことに講義を継続する勇気をいただいた。記紀・万葉の時代から御山として、人々は巨樹の茂る森林に恐れと敬意をもって接してきた。その結果として、地域景観にも歴史が刻まれている。神様の「カミ」は、山がちな風土に潜む〝隠れた精霊〟のことを意味した。そして「モリ」は、「杜」「森」「神社」と記された。かつて、社と杜は混用されるほど酷似していた。神社はカミヤシロと読む。霊的災害から土地や施設を護る存在が鎮守であった。こうして、原典は不明であるが天然の神の杜を、「鎮守の森」と称する（藤田２０１０）。なお、社叢はほぼ同義である（前迫２０１０）。中世から続く東北地方のイグネにも住民の思いが詰まっている。

【コラム10】　中世からの景観、イグネ　そして築地松

本コラムでは、中世から育まれてきた「文化景観」について紹介する。そのために、まずは「風景」と「景観」の使い分けに触れておく。「風景」は昔から使われてきた言葉で、観光・文化資源を指し、〝私の原風景〟、〝心象風景〟のように感情や感覚といった心象を示す場合の利用が多い。これに対して「景観」とは、植物学者の三好学（あるいは、地理学者の辻村太郎）が、ドイツ語の「Landshaft」に与えた訳語で、〝対象を客体化した用語〟という意味合いが強く、〝文化景観〟や〝自然景観〟というように地域の姿を示す場合に多く使われている（金田２０２０）。

この文化景観[*]について、ここでは、季節風から家を守る機能をもった植え込み、「屋敷林」を紹介す

図1　出雲市の築地松（写真提供：門脇正晃氏）

る。これは各地に存在して独特の景観を生み出しており、富山県西部の砺波平野は「垣入」、島根県・出雲平野は「築地松」（図1）、三重県と福岡県では「四壁」と呼ぶ。そして、仙台平野をはじめ東北地方では「居久根」と呼ぶ。「居」は住居、「久根」は仕切りという意味がある（図2）。また、東日本大震災からの復興指針の1つになっている。

この屋敷林の共通点は、屋敷の北西側に植栽され、その主要樹種が高木（例えばクロマツ、スギ、ケヤキ、ハンノキ）な点にあり、これらの樹種は高さ20m以上に達する。また、そこへ来る鳥が種子を運ぶため、中低木の種類も豊富である。

この景観を残すことに積極的な場所では、岩手県の「骨寺村荘園遺跡」が有名である。その歴史は古く、奥州藤原氏の崇敬を受けた、金色堂で有名な中尊寺の荘園であり、鎌倉幕府が編纂した歴史書『吾妻鏡』にも村落の境界が示されている。鎌倉時代末期の荘園絵図2枚なども残っており、2枚のうち詳細な方の絵図は、田在家（田屋敷）という家屋敷の他に水田**をまとめた当時の徴税単位に基づき描かれており、水源・用水路も記されている。そこに描かれた姿は、現在でも見ることが出来るのである。

それは、この伝統的な美しい農村の風景を「自然の豊かさを暮らしに

図2　イグネの例　（写真提供：一関市骨寺村教育委員会）

取り入れてきた先人の知恵」である文化景観として保存し、次世代への継承を目指そうとする努力の成果である。

＊文化的景観とは「地域における人々の生活または生業及び当該地域の風土により形成された景観地で、日本国民の生活または生業の理解のため欠くことのできないもの」（文化財保護法）であり、その中でも特に重要なものが「重要文化的景観」に選定される。

＊＊農民の生活維持の上で必要な雑穀をつくる畑は、中世までは、しばしば無税になっていた。

（小池辰典　前掲）

【文献】
金田章裕（2020）「景観から読む日本の歴史」、岩波新書1838

場所は九州の阿蘇に移るが、2007年春に受けた感銘を皆様と共有したい。阿蘇山の火入れを見学する途中、渋滞に巻き込まれた。「こんな山の中で」と思ったら名所、「一心行大桜」の花見であった。樹齢約400年（直径2m、樹高14m）の1本のサクラが、10日程度の花見期間に、約25万人の集客力を持つ。峯伯耆守惟冬の菩提樹とされる。2004年の台風18号によって樹冠の一部が折れたが、樹木医の治療・看病によって樹勢を保っており、地元の友人によると台風前の勢いにほぼ戻っている。素人考えの域は否めないが、地元への経済効果はすばらしく、巨樹の意味づけを考察する森林美学では〝村おこし〟への貢献の可能性を感じた。

6　古事の森

これは、作家の立松和平の提唱により、〝国有林内で神社仏閣の建設に使われる樹齢400年の巨木を育てる事業〟である。京都・奈良などの古都を中心に創設千年を超える神社仏閣があるが、この神事に不可欠の巨樹が枯渇してきた。そこで、林野庁に呼びかけ、この事業が発足した。立松は、はじめ「古寺：こじ」のつもりであったが、漢字変換の手違いによって、より大きなプロジェクトになったという（立松 2002）。北海道南部の江差町では、役場の前に銘木ヒバの偏奇巨根を展示して、「古事の森」造りをアピールしている（図8・6）。『古事の森づくりで列島を歩いて』とい

図8・6　江差「古事の森」の案内とヒバの根系（身長は約160㎝）

うテーマで、新たなエコツーリズムの可能性も出てきた。

現在、失われつつある貴重な森林資源を、畏敬を持って取り戻す運動を、立松の意志としても引き継ぎ、守り育てることを切望する。会うことの叶わぬ子孫のための森づくりを森林美学の視点で進めるのだ。

9章　まなざしの意味

1　生物多様性の保全から見た風景

生物多様性に関する話題は、今や企業の存続に影響するビジネスチャンスにまで展開してきた（足立２０１０）。しかし、生物多様性の話題そのものは、林業の現場では、まだなじみが少なく、さらに、本州では、里地里山の保全を通じて景観の概念が進展している（森本２００６、西田２００６）。生物多様性への大きな関心の１つは、里山に代表される生業のために人が関わった森林の重要さであろう。我が国の伝統的な景観は、実は生物多様性を育んできたことを紹介したい。西田（２００６）は「山奥には仙人が住む霊山があり、人間の領域から離れた山の彼方は神々の世界であった。人里と山の境（里山）は山の幸をいただく場所であった。山河の風土は日本人の原風景として重要な意味を持っている」とした。すなわち、農家・田んぼ・裏山という、かつて〝陳腐〟と

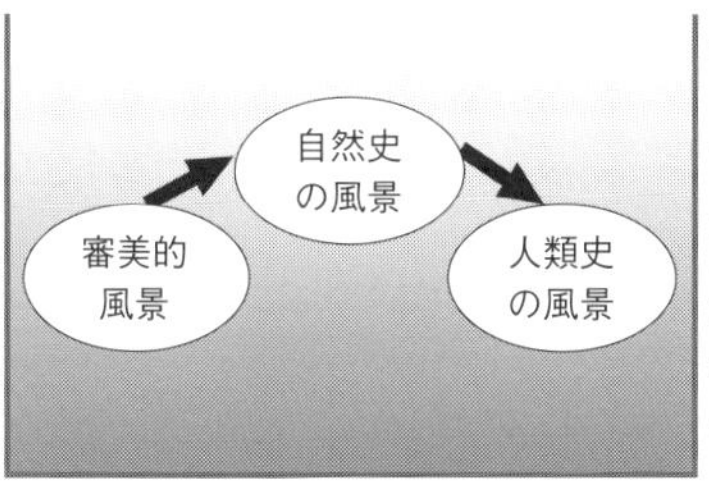

図9・1 自然景観の変遷を西田正憲の主張(西田 2006から作成)
代表風景：'30年代－壮大な山岳風景など、
'60年代－原生自然林賛美、
'90年代－湿地や里地里山の風景

思われた景色が、美しい景観へと変わってきた(図9・1)。例えば、扇状地を利用して作られた棚田の風景が、先人達の英知の結集であったことを再認識できるようになった。自然風景の評価は、実は、時代とともに変貌する(ベルク1990)。

2004年の新潟中越地震で失われたが、里山や棚田で有名な山古志村の風景は、環境省が作成した「新生物多様性国家戦略」の和文と英文の普及書を飾り、15年を経て復活した。かつて、谷頭湿地には水田が設けられ、周囲には農民が利用してきた里山があった。そこにはイネの害虫を食べてくれる天敵が住んでいた。虫害は発生しても一定以上の収量は確保された。多様な景観が織りなす懐かしい田園風景は、実はシステムとして完成している(総合的生物多様性管理：桐谷2004)。

生物学的な意味づけにある通り、生物多様性は生存基盤であり精神基盤でもある。我々は近代的な風景を賛美する中で古来の多くの景色を見つめなくなったが、その典型的な例は山辺の風景(里地里山、海辺やため池のある風景)(図9・2)であった。しかし、

図9・2　ため池のある風景（神戸市西区雌岡山展望台から）（写真提供：小池康則氏）

我々が見る自然風景は、それでも過去との連続性を維持している。生物多様性の保全とは、結局、我々の文化の多様性と連続性を維持することである。明治維新以来、文明開化以来、邁進してきた西洋的視点による風景美の中で忘れられてきた感のある身近な自然（里地里山）景観へ、今、〝まなざし〟を向けることを主張したい。次に、私の理解している林冠を含む景観づくりを紹介しよう。

2　林冠のテクスチャーと施業

樹冠の制御に関する国際会議の事務局を手伝った時のことである。京都の北山林業見学会に参加したのは、林分モデルから樹木生理系の研究を進める欧米豪を中心とした10か国の研究者達であった。その彼らが感動で言葉を失ったのは、北山スギ施業林を訪問した時であった。林分単位では種・遺伝子レベルの多様性は無いが、地域としては場所

図9・3　北山スギ生産現場（左）と北山スギ磨き丸太（右）加藤林産KK

によって広葉樹林を残すため景観・生態系レベルでは調和がとれている（図9・3左）。

約30年ぶりで訪ねた京都北山の林には以前と同じような活気を感じた。密植され、丁寧な枝打ちが行われ緑鮮やかであった。しかし、ブランド「北山スギ」の生産現場には、少し寂れた印象をもった。伝統的日本家屋が減り磨き丸太の需要が減っている。しかし、650年以上の伝統は、様々な可能性を仕掛けていた。例えば、小径の磨き丸太を幼稚園の手すりなどに利用しているという。幼い頃の感触は生涯忘れないものである。「きっと磨き丸太の感触を取り戻さはる」と、地元の人達は話して下さった（図9・3右）。最近では、大学の担い手育成をにらんだ林業専門課程の学生さんを中心にした研修も行ってきた。森林美学の講義を通じて親しくなり、五感で学ぶ森林美学の〝教材〟を手配くださった京都・京北町の活動にも注目している。小径材（＝短い生産期間）の磨き丸太の経済効果は、木育（木材の利用を通じて、豊かで健全な人間形成を目標とする教育活動）の実践を通じて現れると期待する。ここに、林内美と森林景観の両面から、我が国の森林美学の実践例を学ぶ思いである。

【コラム11】　北山スギのブランドの生き残りをかけて

古都京都の奥座敷、京北という山林の豊かな地域に住んでいる。祖父代から林業を家業にしてきたので、担い手を目指し、愛媛大学農学部森林資源学コースへ進学した。しかし、林業への主風は向かい風ばかりで、可能性を広げるために、サラリーマンもしている。そのような中で、父が発展させた銘木への着眼点を、今もなお誇りに思っている。

従来の床の間付きで、土壁と美しい柱を見せる日本式の家屋建築の着工数が減ったことで、北山丸太は新たな販路を考えないと成り立たなくなってきた。無節、柾目などの木造家屋の伝統美が消えつつあることは、京都周辺の家屋でも例外ではない。最近の住宅工事現場では、多くは、梁や柱は集成材である。そして継ぎ手はボルトである。大工さんは1、2名で、工場からプレカットされた（あらかじめ裁断されている材）を組み立てている。かつて、現場でカンナを研ぎ、鰹節のように薄く材を削る姿はもうほとんど見かけなくなった。接着剤で固めた集成材が主流になってきたのだ。しかし、地域によっては、集成材は歩留まりが悪く、接着剤のコスト高もあって、無垢材を使っているところもある。

一方で、北山スギ・ブランドには、根強い人気もある。そのブランド化の発展と、北山林業そのものの持つ観光資源の原点を絶やすわけに行かない。そこで、母校の愛媛大学の後輩に、伝統を体験していただく教育科目を提供し、講師の1名として参加した。後輩たちに北山林業研修を満喫していただくために、打ち合わせを入念に行い、当日に備えた。夕方になると肌寒くなるなかで、後輩らは元気一杯で、楽しげに丸太磨き体験をしてくれた（図）。そして、白川砂（菩提の砂）で磨いた後、ツルツルになったスギ丸太の木肌に触れ、その心地よさに感嘆の声が上がった。少しでも伝統を伝えることが出来たのか、と疲れも吹き飛んだ。

しかし、産業としての現実は厳しく、小物を作って土産物を販売するにしても、コロナ禍の中で従来通りの売り上げを維持するのは極めて難しい。その中で、コロナ対応の消毒用スプレー台は、今の状況下に合ったアイデアであると考えている。北山スギ本来の製品の魅力を引き出せるわけではないが、土地産業と考えると、細くても（＝短期間に）製品化でき、付加価値もつけやすい。単位面積あたりの収益は、他の林業地帯より有利だと信じている。

図　北山林業、磨き丸太を作成中
（左から２人目が筆者）

当然、北山林業の組合の方々は、今日に至るまで様々な商品を考えて来た。しかし、取り巻く情勢を考えると、販売先を観光客のみに考えていると限界がある。施業の過程を景観として観光に資するやり方だけに頼らず、北山林業紹介の石碑に刻まれた歴史を絶やさず、後世へ伝える方法は、必ずあると、私は信じている。

最後に、図の写真を提供くださった京都北山丸太生産協同組合に感謝し、発展を切望している。

（仲畑大　仲畑銘木）

表9・1　有名林業地の密度、保育方法、生産目標

植栽密度	植栽密度間伐の方法	伐期長短	林業地名	丸太の主な用途
密植	ほぼ無間伐	短	旧・四ツ谷	足場丸太、旗竿
	弱度	短	青梅、尾鷲、西川、芦北	足場丸太、旗竿柱、坑木
	早期に高頻度	長	吉野	優良大径材、樽丸
中庸	弱度	長	智頭	優良大径材、樽丸
	頻度高く適度	長	旧・国有林	大径一般材
疎植	単木成長管理	長	飫肥	（船舶用）弁甲材
	無間伐〜弱度	短	天竜、日田、小国、木頭	一般用材、電柱

坂口勝美（1980）から改作、"間伐の全て"日本林業調査会

景観生態学でいうマトリクスの構成要素（パッチ）としての林分への施業によって風景は変わる（図4・2）。1930代まで、国有林以外では各地に特徴のある伝統的な施業体系が木材生産という実質的な機能を有して存在していた（表9・1）。朝鮮動乱時に日本に立ち寄ったC・タットマンは、山々には木が無く、はげ山状態であることに衝撃を受け、その20年後に再び日本へ来たときに、すっかり緑に覆われた山々に再び驚いた。それは戦後の復興のために、各地域でも植林が行われ戦中、戦後に疲弊した森林資源の回復が行われた。それどころか、いわゆる適地を越えて針葉樹を植える拡大造林とよぶ活動が全国的に行われた。

寒冷地に適するということから長野・山梨の県境から北海道へカラマツが導入された。当時の造林学の教科書では、最高水準の造林技術で造成された釧路近郊のパイロットフォレストの事例が誇らしく紹介されていた。し

かし、1万年前までは同属のグイマツが生育していたそうだが、新参者のカラマツはネズミの食害に遭い、先枯れ病にさいなまれた。約40年の育種によってグイマツ雑種F[1]が開発された。そして、材のねじれなどは大径材化などによっても克服された。このためか、人気ある帯広のお菓子屋さんでは、箱のカバーにカラマツ防風林を採用していたくらい地元になじんでいる。そして、カラマツは北海道の風景として、今を生きる人々には、当然の景観要素となっている。

3 伝統的林業地での林冠

本州では伝統的に針葉樹の植林の仕方は「尾根マツ、沢スギ、中ヒノキ」という方法が一般的であるが、この30年あまり、利用の減ったタケが放置され伝統的な景観を変えていることが多い。伝統的林業地帯の典型として、先述の北山林業に続いて、日田、飫肥、天竜林業地帯の林冠を見よう。なお、以下の詳しい解析は伊藤弘(2008)によって既に行われている。その後の景観保全への流れとして、全国文化的景観地区連絡協議会が設けられた。平成16(2004)年の文化財保護法の一部改正によって「地域における人々の生活又は生業及び当該地域の風土により形成された景観地で我が国民の生活又は生業の理解のため欠くことのできないもの」を文化的景観と規定し、文化財の新たな類型として保護を図る制度が始まった。次の鳥取の智頭林業の林業景観(図9・4)はその一

図9・4　智頭林業（オキノヤマスギの挿し木を主力とする）
（写真提供：山本福壽氏）

翼を担う。

主な対象であるスギは挿し木が容易に行えるので、林業品種のオキノヤマスギ（裏系スギ）を中心に造成された鳥取の智頭林業の根幹を支える。ただ一時期、表系スギとされる吉野スギを導入し、その結果、雪害に遭ったと言う。*挿し木林業は、九州地方では伝統的に行われ、各種林業品種が生まれ保存されている。また、智頭林業と同じような林冠の風景は、日田（大分県北西部）でも見られ、主にスギの優良品種の挿し木（＝クローン）によって植林されている。日田での初期植栽密度は約３０００本／haであり、林冠のとがった荒いテクスチャー（質感）に見える。配列と樹冠の形状がそろっていることが特徴である。ただ、最近、主に九州では、台風や集中豪雨（線状降水帯）による災害が急激に増加し、有名林業地帯の全域が被害地の時代になってしまった。

＊鳥取の智頭には、オキノヤマスギの天然林があるため、いわゆる単一クローンによる造山ではなく、いくつかの優良の系統を伝統的に利用して挿し木造林を行ってきた。

コンテナ苗
1) 育苗期間短縮（低価格化）
2) 栽培時期の拡大（春～秋）

一貫作業：伐採～地拵え～植栽
作業の平準化、機械の効率的利用

造林コスト削減

下刈り回数を
減らす
シカ食害回避・
放置→収量減少
低品質化

植栽密度の低下
（植付け本数減少）
除間伐の回数を
減らす
→収量・品質低下

コスト増加・収入減少

大苗、防護柵ネット、テープ巻

新品種（エリートツリー）への期待

図　低コスト林業

【コラム12】　低コスト造林

造林にかかるコスト（経費）を従来よりも軽減する種々の造林方法を一般に低コスト造林と呼んでいるが、その実施にあたっては、植栽から主伐にいたるトータル・コストと予測される収穫量（収入）の収支の見積もりをもとに、対象林分に適したコスト削減（経営収支の改善）方法を選択すべきである（図）。低コスト造林に関わる具体的な技術開発の内容には、主に以下のようなものがある。（1）コンテナ苗の導入（育苗・植栽方法への技術革新）、（2）伐採↓地拵え↓植栽の一貫作業化、（3）「大苗」利用も含む下刈り回数の削減、（4）シカ等獣害の回避、（5）低密度植栽（要検討：林冠閉鎖まで時間が掛かると下刈りの増加や材質の低下を招く。北海道ではカラマツ属であれば、千本／haまで可能だとしている）、（6）エリートツリーなど成長の優れた品種の選択である。エリートツリー（第2世代の精英樹）とは、優れた性質をもつ木を選抜した精英樹を交配することで生まれる特別に優秀な（＝エリートの）木のこと。大きな特徴は、その成長の速さにあり（植栽後4成長期後7mなど：スギの一例）、この導入によって下刈りの回数の軽減が期待される（大苗導入とのコスト比較）。現時点では試験地の結果に限られているので、早急な広域での実証と普及が望まれている。（注）もちろん、用材としての利用には容積密度なども重要である。

（石塚森吉　国際緑化推進センター）

図9・5　飫肥林業の遠景（写真提供：佐野雄三氏）

宮崎県南部の飫肥林業は、江戸時代中期から特色有る林業地帯として生まれた。船の甲板を生産して来た。万が一、板が割れてもヒビや割れが節で止まる利点を生かして他の地域とは異なる生産を行ってきた。林冠のテクスチャーは柔らかいデコボコで、疎植のために樹冠が長いことが特色である（図9・5）。このおかげで、風害には比較的強い構造になっている（樹冠長率＝樹冠長÷樹高×100

≧65％）。温暖な宮崎地域では優れた生産林業である。しかし、1960年代から甲板材としての利用が減って生産方向を梁材などへ移行している。しかし、他の農産物とは全く異なり、ただちに供給する木材の目標を変えることは林業ではできない。現在は、宮崎林業ブランドを支援する研究所も設置され、優良材生産に取り組んでいる。しかし、一方で、直交繊維板（CLT）などの発達で従来の木材の生産形態には再考が求められる流れもある。

【コラム13】　CLT

直交繊維板（Cross Laminated Timber）の略称で、ひき板（ラミナ）を並べた後、繊維方向が直交するように3層以上、積層接着した木質系材料をいう。厚みのある大きな板であり、建築の構造材の他、土木用材、家具などにも使用される。CLTは1995年頃からオーストリアを中心として発展し、現在では、欧州各国でも様々な建築物に利用されている。難燃化も付与され各方面へ利用が期待される（日本CLT協会）。ただ、CLTの利用上での検証が十分ではないという批判もあって、今後の展開に期待がある。また、乾燥、接着剤の価格などもあって、戸建て住宅の8割以上を占める工務店担当の木造住宅では、今も多くの構造軸材は正角材の柱や平角の梁も利用されている。木造建物は筋かいを使わない壁式構造が主流になっているので、構造材の内壁や床面には針葉樹合板やOSB（Oriented strand board：未利用材・樹種の木片を接着材で再構成した木質面材）などの面材が、今後、ますます使われていくものと思われる。

（小泉章夫　元北海道大学木材工学・山岳部）

図9・6　吉野林業の遠景（写真提供：松下洋一氏）

最近、マスコミにもよく登場するのは、地産地消をめざす天竜林業である。天竜林業は浜松の英雄、金原明善の天竜川の治山治水の施業の産物でもある。トレイサビリティー（追跡可能性）を徹底し、周辺で自宅を建てようとする方々に山元の見学会を開催し好評のようである。次に、林冠テクスチャーが似ている吉野林業を見よう。密植（1万本／ha）からはじめ、弱度に間伐を繰り返す（保育を目指す間伐を10％、その後、3～4回実施）ので、柔らかい感じの林冠になる。戦後植えたものがほとんどで森林の所有は細分され、樹冠の形や配列が不揃いである（図9・6）。本末大同、直幹無節、完満、年輪幅均一を目標に酒樽生産を行ってきた伝統の林業地帯でもある。このため、突出した優勢木（＝暴領木）を除き、林冠の平滑化、つまり密度の均質化を行っている。約150年の長伐期で密植林（1万本／ha）に多数回の間伐を行って年輪の詰まった水漏れのない材の生産を行ってきた。

【コラム14】 吉野林業の山守(やまもり)さんの密度管理

吉野林業の研究を始めたのは、大学3年生の秋である。後に指導教員となる竹内典之先生から吉野林業にある京都大学の財団法人阪本奨学会が所有する山で間伐の選木をすることになり、記帳をしてくれる学生を募集中なのだが、来ないか？と声をかけていただいた。二つ返事でついて行った吉野林業地で間伐選木の熟練技術者である垤忠一(ありづかただかず)氏に出会った。いとも簡単に選木をされる様子を見て、率直に「何か基準はあるのですか？」と尋ねた。返事は「まあ〜、長年の経験と勘ですなぁ」だった。普通ならそうか経験と勘かとあきらめるのであろう。しかし、私は、何か見て判断しているとすれば、見てわかる基準があるはずだよなと思った。それが、吉野林業での卒論研究につながり、その後の研究につながった。今思うと本当に良いタイミングで良い方に出会い、全面的に協力をしていただき、今の私があるなぁと感慨深く思う。

さて、吉野林業の密度管理の特徴は、密植、多間伐、長伐期である。密植だけ、長伐期だけという林業地は他にもあるが、三者が揃って初めて、年輪幅の揃った高品質大径材の生産が可能となる。吉野林業地では、実生苗を植栽するが、数多くの遺伝的に多様な苗木を植栽し、その成長をこまめに見ながら弱度の間伐を繰り返し、個体の成長を揃えるように間伐を行う。特に幼齢から若齢の林分では、今後の成長が見込めない個体を伐採するのだが、それと同時に「暴領木」の伐採も行う。暴領木とは、成長が旺盛すぎる個体のことを指すが、成長が良すぎても駄目なのである。吉野林業では、樽・桶をつくる側板を指す樽丸の生産が盛んだった時代があるが、年輪幅が2㎜程度に揃った材が樽丸に最適だったこともあり、生産目標は年輪幅が2㎜程度に揃った良材となる。そうなると、成長が旺盛すぎても駄目ということになり、暴領木は伐採されるのである。垳氏によると、林内で大きめの個体には大きめの、小さめの個体には小さめの専有面積を与えるように、配置よく間伐をするが、大きすぎる場合は、わざと混み合わせ、成長を抑制することもあるとのことだった。遺伝的に多様な個体を植栽はするが、成長をいかに均一に揃えるかに配慮がなされていたと言える。その結果、吉野林業の林冠のテクスチュアは柔らかく揃ってくるのではないだろうか。垳氏は、「山は子供のように育てないといけない」と言っておられたが、その真意は「悪いところほど手を入れる」とのこと。また、「稼ぎを期待して子育てをしない」とも言っておられた。これを木に当てはめると、「いくらで売れるかの算段をしながら選木をしてはいけない」ということになる。山を良くすることのみを考えて選木をせねばならないというのは、垳さんの師匠からの教えということで、その歴史の厚みを感じる言葉である。

（高橋絵里奈　島根大学学術研究院農生命科学系）

4　単木管理と将来木施業

講義の最中、吉野林業の突出木の扱いを論じたとき、将来木施業の対象木の扱いを思い出した。吉野では均質な林冠を誘導するために〝突出した優勢木〟を除去するが、将来木は、暴領木と反対に、樹冠長率（樹高に対する樹冠長［%］：65%以上）を確保し、丁寧な枝打ちなどを施して優良木を育てることに務めている。かつてのように丁寧な保育作業を行って、後述するが、無節材を生産して

図9・7　久万林業の将来木とJICA研修風景（真中の背景が将来木）

も、新築には昔ながらの家屋（土壁、床の間）を選択することは少なくなってきた。このため、昔ながらの優良材がどの程度、求められるか、予測が立てにくい状況にある。愛媛の久万林業を訪ねたとき、案内くださった岡信一のご自慢のスギの大木は、まさに銘木級で（図9・7左）、若齢段階からご自身が手塩にかけて育てて来られた。ＪＩＣＡ（国際協力事業団）の研修でも、多くの研修生が感銘を受けていた。岡によると、一時期、ある行政組織の勧めで表系スギを導入したが雪害に遭ったそうだ。それ以降、「全国の徳林家で連絡会を持って、自らの持山の管理を進めている」との言葉は、とても重く感じた。瀬戸内であっても四国最高峰・石鎚山の影響が大きいのである。

銘木になるウダイカンバの話題をコラム3で紹介したが、東京大学北海道演習林では、山火事後に再生したウダイカンバの利用を考え、単木管理によって収益を上げ続けて来た（山本1989）。視覚的に理解しやすい独特な樹形グラフを利用している。ただ、北海道東部を中心に山火事に尾根筋に成立したウダ

図9・8　ウダイカンバの虫害と衰退木（写真提供：大野泰之氏）

イカンバでは、乾燥害後の虫害[*]によって将来期待の個体が、次々に枯死しているが（図9・8）、C・ワグネルの言う適地適木の重要性を改めて指摘したい。

＊北海道東部の山火事後にウダイカンバが天然下種更新し、直径40cm程度にまで育っている。しかし、春先に乾燥があると葉の窒素濃度が高くなって虫害に遭うことが多く、その後、初夏に再び芽吹く再生葉が、フェーン現象などの高温・乾燥のため、未成熟な再生葉は脱水して枯れる。枯れ下がりが生じて枯死に至る。養水分の要求性の高いウダイカンバでは尾根は厳しい生育環境である。

10章　好まれる林内風景

図10・1　琵琶湖湖畔のシシ垣の例
（写真提供：滋賀県米原市教育委員会）

1　ヒトの求めるもの

故郷近くの林内景観から気になる話題を紹介する。琵琶湖畔のシシ垣（イノシシによる農耕地の食害対策：図10・1）のある森の話である。森林風景計画の研究が広く実施されたときに、里山に関する調査の中で、琵琶湖岸の滋賀県志賀町や米原市などには、シシ垣のある森の小路が残されていることが解った（高橋２０１０）。シシ垣はいわゆる里山と接しており、森林の魅力を引き立てる歴史的・文化的な役割がある。奥ら（２００４）による文化・利便性と森内景観

図10・2　ビオトープ造成の事例（北海道大学苫小牧研究林）

の親しみやすさに関するアンケート調査によると、同地域の散策路ではシシ垣のあるコースの人気が高いという。

ザーリッシュの森林美学にも、人里に近い森の老樹や岩の扱いが述べられている。奥らは「シシ垣はそれ自体が地域住民と自然環境との間の相互作用によってできた、地域の風土性の象徴、里山の語り部である」と述べている。ここから人間は人の気配を感じる森林に安らぎを覚えるのであろう。ネアンデルタール人と異なり、我々の先祖であるというクロマニヨン人が生き残り、体格的に劣るが、集団の活動を基本とするという。そのような〝血〟が根底にあるのかも知れない。

さらに、林内景観を創出する試みを北海道大学の事例から紹介しよう。動物生態学を専門とする林長、石城謙吉（１９９４）は、北海道苫小牧郊外の演習林（現在は研究林）の扱い方として都市近郊林施業を取り挙げ、成果を上げている。林内を流れる小川を囲った従来の三面張り工法から小川に造り直し、周辺に遊水地を設け、淡水魚が跳ね、護岸としても美しい花が咲くビオトープが成果品となった（図10・2）。ただし、広い敷地利用が可能な場所での話ではある。２００４年の18

号台風では苫小牧周辺の人工林は、私どもの国有林試験地を含め壊滅的被害を受けた。しかし、皮肉なことに、ネズミやリスが造ったチョウセンゴヨウの若齢林分は〝元気〟であった。そして、イチイやチョウセンゴヨウなど常緑樹と美しく紅葉するカエデ類を中心に残して、林内へ入る路を四季のパノラマへ変えた。収益を目指す経済林と林内景観とをバランス良く配置した試みは全国的に高い評価を得ている。これらの試みは我々に森林景観作りの1つの指針を与えるであろう。

2　森林管理の理念と現実

明治時代までは、森林は日々の燃料、製鉄（たたら）の燃材、市街地造成などによる大量消費などを担い、再生可能な資源として各地域独自の管理方法が生み出されてきた。また、明治政府の大久保利通がドイツ留学を希望していた松野礀（はざま）に、資源小国日本の将来のために、再生可能な森林管理の大系を導入するように命じたことから、ドイツ林学を範とする当時先端の学問が導入された。なお、同時期にはオーストリアのマリアブルン山林学校で学んだ緒方道平も林学に影響を与えた。松野は詩人であり哲学者J・W・ゲーテの影響を受けた近代林学の祖・H・コッタに学んだ。その基本はゲーテの言う「自然は常に正しい。間違いがあるなら、それは人間の側にある」という考え方にあったはずである。

図10・3　ドイツ・バイエルン州有林の天然下種更新への誘導施業の例
（写真提供：W. シュテルプ氏）

しかし、中欧と本邦の大きな違いである種組成の差を、どこまで考慮していたのかは疑問である。留学した多くの先人達は、中欧にみられる通直な幹を持つヨーロッパトウヒの一斉人工林、湧くように見られる跡継ぎの稚樹群（シードリング・バンク）を誘導する上層木の伐採の仕方（天然下種更新法）（図10・3）に留意すればよいという施業法に魅了されたに違いない。しかも、人工林造成方法は、当時、一斉に植え一斉に収穫する農業追随型であった。東アジアでは、最終氷期での絶滅種が少ないため中欧の5～10倍の種数が存在し、多雪地帯を中心に多年生のササ属が林床を被うため天然下種更新はうまく進んでいない。種間関係の扱いは極めて難しい。この様な事実が、果たしてどのくらい理解されているのか。森林の多機能、そして生態系サービスの内容はどのくらい理解されているのか、ここに森林教育実践の必然がある（大石・井上２０１５）。

3　緑を求める意味

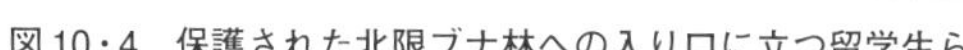

図10・4　保護された北限ブナ林への入り口に立つ留学生ら

新緑の季節、続く若葉の萌ゆる頃には、私は躍動感を感じる。常春のような瀬戸内で育った私は、半年間は雪に閉じ込められるが、四季の明瞭な北海道の風景には折々の美しさを感じる。その中でも、新島善直ゆかりの歌才ブナ林の初夏の光が好きだ。留学生にも、この森が残った理由と学舎の歴史を紹介している（図10・4）。通い始めて四半世紀が過ぎるが、倒木が生じ、束になったブナの芽生えが見られ、それらに森の動きを感じる。その中でも、訪問者一同に共通して残る思い出は、森の中の光である。また、ブナ林へのアプローチにある見通しの良いカラマツとトドマツの人工林のさわやかさである。新島・村山の森林美学では「美学の概説」の章において、まず、視覚を生理学的に解説している。

では、なぜ私たちは緑色を心地よく感じるのであろう。この理由に迫るために、私が魅了された古生物専攻の品田(2004)の考えを紹介したい。我々の脳は、恐竜の時代から受け継いできた扁桃体のように生命維持を司る部分と理性を司るという前頭葉の働きに大別される。アフリカの地殻移動によって、森林の中で発達してきたサルの一部は草原で暮らすようになった。そこから人類が進化したという(品田・浅井2010)。その森林に住んでいた時に、エネルギーの源であり炭水化物の塊である熟した(甘い)赤い実を効率よく採取する必要があった。このために赤の補色である緑がよく見えるように発達したと言う。

西田やベルクの言う風景(西洋と東洋における風景に関する意識の違い)と品田・浅井(2010)の言う動物の本能に根ざす風景美の視点からは、赤は多くの民族に好まれる色と言う。赤を意味する英語のred、ドイツ語のrotなどは、すべて梵語のrudhira(血の意味)に起因する。このような野生・本能から緑を求める行動であろう森林レクリエーションの必然性も考察したい。そこには森造りの本質があると感じるからである。森林の多利用の1つとして、最近、注目されているのが樹木葬である。ドイツでの森林利用と日本との相違点も考察する必要が出てきた。万人に等しく訪れる死を森林との関わりで考えることが、私には、しっくり来る話である。

【コラム15】　樹木葬墓地と森林美

森林の多面的機能に「埋葬」という新たな機能が付け加えられつつある。世界中の先進国において、核家族化や少子高齢化による人口減少が進む中、墓地の承継者不足という共通の課題から、自然葬としての樹木葬に対する関心が高まっている。本稿では、森林美学の視点から、ドイツの樹木葬墓地（埋葬林）を見ていこう。

ドイツにおける樹木葬墓地は、スイスからその概念が導入され、2001年にヘッセン州のラインハルトの森でその第一号がオープンした。ヘッセン州の州有林（日本の国有林に相当する）が、林業不振による赤字の補填を目的に樹木葬を導入した点は特筆に値する。つまり、木材生産によってではなく、森林空間そのものから収益を生み出す、森林経営の多角化という視点から樹木葬が導入されたのである。しかも、最初の樹木葬墓地は「グリム街道」沿いに位置する、通称「メルヒェンの森」と呼ばれるラインハルトの森の一角に開設された。つまり、グリム童話の舞台として多くの観光客が訪れる美しい森に最初の樹木葬墓地が開設されたのである。その後、樹木葬墓地は瞬く間にドイツ全土に広がった。現在ではドイツ国内に500箇所以上の樹木葬墓地が開設され、火葬を利用する人の一割が既存の墓苑ではなく、森林内に埋葬されるほどの普及を見せている。

ドイツの樹木葬墓地の特徴は、既存の森林をそのまま利用し、墓域内の高木を墓標がわりに用いてその根本に骨壺を埋葬する点である。家族やパートナー、友人グループ、単身者などが気に入った樹種や樹齢の木を選び、土に還る天然素材の骨壺に焼骨を入れて埋葬される。共同墓としての樹木もある。そして、墓碑代わりになる木には名前が刻まれたプレートが付けられ、契約期間は最大99年間で

樹木葬（ドイツ・ザクセン州）

ある。埋葬箇所は次第に落ち葉に覆われ、周囲の森とほとんど見分けがつかなくなる。この樹木葬墓地の森を訪れる人は、園路だけでなく、自由に木々の間を歩き、自分の大切な人が埋葬された木の前で足を止め、死者に語りかけることができる（写真）。

こうした墓地利用は森林の多面的利用の一形態として位置づけられており、具体的には、木材生産や狩猟といった利用は制限されるが、生物の生息地や人間のレクリエーション空間を提供する場として、適切な交通整備が行われ、歩道を除く林床や倒木等に関しては近自然的な粗放管理が行われている。そして、担当する森林官の新たな業務として、樹木葬墓地の見学会の開催や、樹木選びの案内、葬儀への立会いと場合によっては埋葬までが加わった。墓域として指定された区域を99年間の契約期間、木材生産のためではなく墓地空間として管理するには、あらかじめ将来を見通した新たな視点の森林管理が必要となる。墓標とした樹木を伐採することはできず、枯死することも出来る限り避けなければならない。それでいて、人々にとって「終の棲家」として、または「お墓参りがピクニック」になるような、明るくて歩きやすい森を作り上げなければならないからである。
ドイツにおける樹木葬墓地普及の背景には、100年以上前から始まっていた森林墓地の素地がある。産業革命以降、ロマン主義と結びついて自然志向が進んだドイツでは、森林内に墓碑を立てる森林墓地が急速に広がった。森林空間と墓地空間の両者が社会的に公共空間と位置づけられることで、その両者が重なるところに森林墓地が誕生したと言える。時代背景から、森林美学の発展との共通点を見出すことも可能だろう。そして、その延長線上に、墓苑の立地環境として森林を求めるだけでなく、樹木そのものを墓標とする自然葬としての樹木葬が実現したと言える。近代以降の死生観、自然観の変化の中で、自然回帰のイメージが、生態系における物質循環の概念を土台として、新たな人と森の関係による森林美につながっている点は興味深い。

【文献】
上田裕文（2018）「こんな樹木葬で眠りたい」旬報社
（上田裕文　北海道大学院メディア・コミュニケーション研究院）

4　緑を求める行動と好まれる森林の林型

品田ら（2004）[*]は、開発に対して、自然を愛でて大切にする意味を知るために、関東地域を中心とした被験者の属性も考慮した詳細なアンアケート調査を行った。その結果、人口密度と人々の

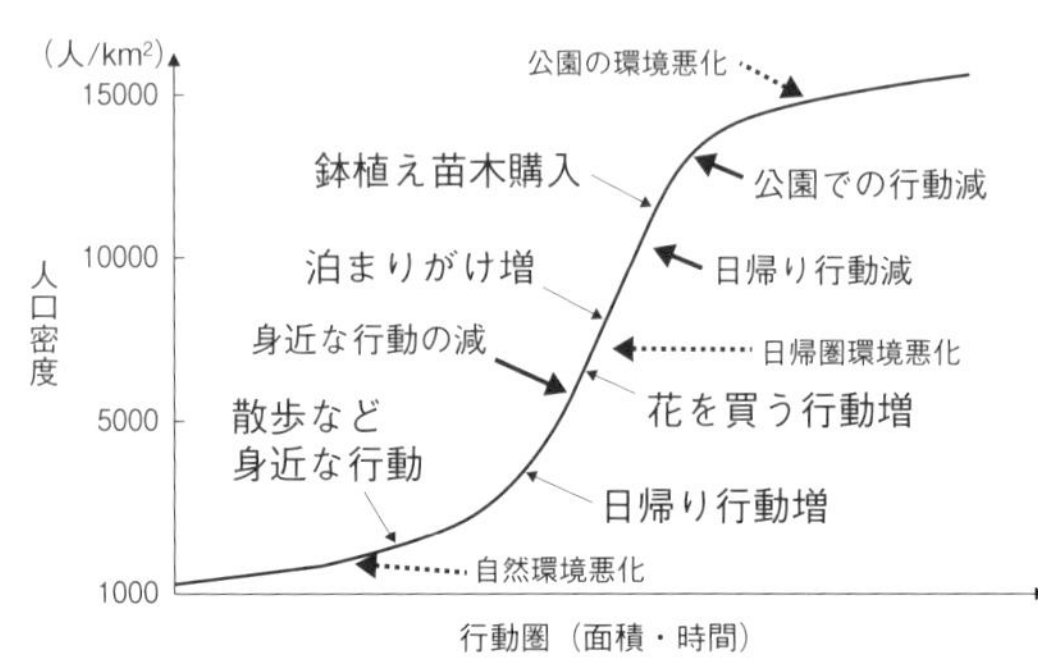

図10・5　人口密度と住民の緑を求める行動の概念図
（品田穣 2004から作成）

暮らしの中の行動に一定の法則があることを見出した。身近な環境として緑地率に注目すると、それが約60％を下回ると人々は郊外へ緑を求める。この境になる人口密度は約２０００人／㎢である。これらの関係を見よう（図10・5）。

＊属性（カテゴリー）とは、その人や事柄がもっている性質や特徴のこと。調査対象者の年齢、性別、居住地、職業、また体験などを言う。

人口密度が５０００人／㎢に達すると日帰り行動が増え、８０００人／㎢に近づくと日帰り行動は減り、花を購入し始める。１万人／㎢に近づくと泊まりがけで自然を求めるが、さらに１万２０００人／㎢を超えると苗木や植木を購入する行動が増えるという。私たちは、人間中心の自然感（絶対的存在である神から他の生き物の〝管理〟を委ねられた存在としての人間）を基に開国以来、邁進してきた。しかし、そこに、乗り越えることのできない動物としての人間の本能がなせるものとして、自然環境の中に身を委ねるレクリエーションの意味づけがあると私は考えている。ペンキで塗った緑の人工物ではなく、生き物である樹木など森林植物の織りなす緑豊かな環境が我々には必要なのである。

はじめに紹介したが、黒松内町にある歌才ブナ林は「植物群落保護林」に指定され、入口へは駐車場からはカラマツとトドマツの人工林の中を抜ける。ドイツからの訪問者は、彼の地と似た植物が生育していることに驚き、見慣れたヨーロッパトウヒと同じく、すっきりした印象をトドマツ人工林に抱いたという。そのあとに雑木林を抜け、小川のせせらぎを聞きながら、しっとりした空気の中に現れる広い空間と発達したブナの巨木に感動を覚えたと印象を述べた。中国とインドネシアからの留学生は、同じくすっきりした人工林のあとに到達したブナの林に、優しく暖かな印象をもったと言う。

しかし、「慣れ」は恐ろしい。入り口近くのカラマツ人工林の下生えがきれいに取り除かれていたことを、その場所は以前から見ていたのに、私は意識していなかった。フォレスト・スケープの実践の1つには、見通しのよい林床を造る作業が含まれる。すっきりした林床は、堀繁らのフォレスト・スケープの提案を実践した成果の1つと言えよう。これには、後述する景観工学の視点がある（篠原 2008）。一般に、草原や見通しのよい林内が好まれる傾向にあるが、それは、二足歩行を始めた人類が害獣から身を守ることのできる環境であったと推論されている（アプルトンの隠れ家理論 2005、品田・浅井 2010）。なお、無知にもタイトルだけ見て、趣味の絵画の本だと思って買った篠原修の「ピカソを越える者は」で景観工学に関する一連の流れを学んだ。とっても面白かった。

11章　森林美

1　客対評価と景観評価

ここで、再度、「美」について考えたい。講義を担当し始めた時の学部学生のアンケートにあった「講義名に美と付く点で自然科学の学問とは思えない」という回答には、同意している。そもそも、森林の「美」を創造するという学問が成立し得るのか、これは講義を担当する時点で生じた自問であった。学問には普遍性・妥当性が要求されるが、「美」の判断は、恐らく個人の感性に属するものである。もちろん「美学・芸術学」としては森林美学に重要な位置があることは解った（喜屋武2011）。しかし、林学として学問的に美しいと論じても、対象とする森林を見る人が「美しい」と思わなければ、「森林美」学を論じること自体がむずかしい。

森林や自然美を評価する時には、少なくても2つの評価基準を持つ。例えば、自然林と人工林を

Q.　どちらの森林が好ましいか？

A.　自然林　vs.　人工林

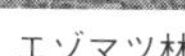

トドマツ林

図11・1　アンケートの図版の例（客対評価と景観評価）

対象にして、文字情報と写真のイメージを比較し、いずれに好印象を持つかを質問した（図11・1）。ここで調査に付き合って下さったのは、農学系の学部生、大学院生、そして森林保全団体の皆さんである。従って、バイアスのある被験者ではあるが、森へよく行くメンバーの意見と考えて頂きたい。

　言葉による判断、すなわち客対評価（分析的評価）と景観評価（目で見た感じ）、つまり写真による判断を、この順番に聞いてみた。その結果、『被験者の約70％は、文字では自然林を、写真では人工林を選んだ。その判断には被験者の個人的体験・性別・世代など（＝属性）が影響する。』多様な樹種からなる自然林の景観は、人が造り出した単一樹種の景観とは、同じく「森林」と称しても、実はその質は異なる。文字情報では、「自然」という言葉の方が「人工」という言葉より魅力を感じると言う。しかし、写真情報からは自らが入り込みにくい印象の「自然林」よりは、すっきりした林床の「人工林」が選ばれた。ここで、被験者の属性として子供の頃の体験（キャンプへ行った、田舎で過ごしたなど）は確認した。

「風景」と「景観」も森の〝資源〟であり、そこから見出される芸術・文化・歴史・民俗的情感は、生態資源と言える（山田２００２）。よく例に出されるのが先述してきたＰ・セザンヌのセント・ビクトワール山の風景である。その周辺の住民は山をいつも見ているはずであるが、「画家の目」で見ているのではない。風景に「美」を発見し、美しいと判断するのは人間の感性である。ここでは、科学的知見によって育まれる感性によって認識できる美にあることを指摘している。個々の人が感じる美を認識することは、また、他の人の感じる美も認識することに繋がるはずである。

2　アフォーダンス

有名林業地を訪ねるとよく聞くのは「山をよく見ると、手入れの仕方など、我々の行動は自ずから決まる」と古老からは言われる。この言葉の科学的意味はアフォーダンスとして捉えることができる。ここで、アフォーダンス（ド）とは「与える、提供する」を指し、ある環境が動物に対して与える「意味」を言う。米国の心理学者ギブソンの造語であり、「動物と物の間に存在する行為の可能性についての関係性そのもの」を指す（佐々木１９９４）。

さて、私たちはどのような森林の風景を愛で、その気持ちはどこから湧いてくるのであろうか。これらについては先述のように、森林の景観整備の在り方と〝風景へのまなざし〟の変遷として考察した。それは、審美的、人類史、自然史（＝生物多様性）の視点だと言う（西田２００６）。その中で、風景は我々が認識して初めて気づくことを述べた。

景観の概念として、スカイラインを含む遠くの山並み（遠景）、身近な森の風景、すなわち里地里山の景観（近景、至近景）、これらの間に位置し、個々の樹冠の認識できる中景が挙げられる。森本（２００７）は、近景としての里地里山の保全と再生に取り組む中から、環境を構成する主要素として人為撹乱の上に成り立つ風景、つまり里地里山の保全の意義付けを行っている。

森林美学では人工林内の美観を重視し、（機能的に優れ）高い木材生産力をもつ森林は美しいとする。ドイツでは、古くからWald-landschafts（森林景観）-Pflege（保育・保護・育成）という考え方があり、我が国では、森林の風景保育と保健休養対策として森林施業に取り組んできた。その視点は、人間の本能とその人の生まれと育ち方（属性）に支配されるとベルク（１９９１）や内田（２００１）は解説している。そして、このような森林美学へのアプローチは、自然科学としての流れであると美学・芸術学者の喜屋武は指摘する。

3　アフォーダンスと景観工学

最近、デザイン関係ではノーマンの提示した「人をある行為に誘導するためのヒントを示すこ

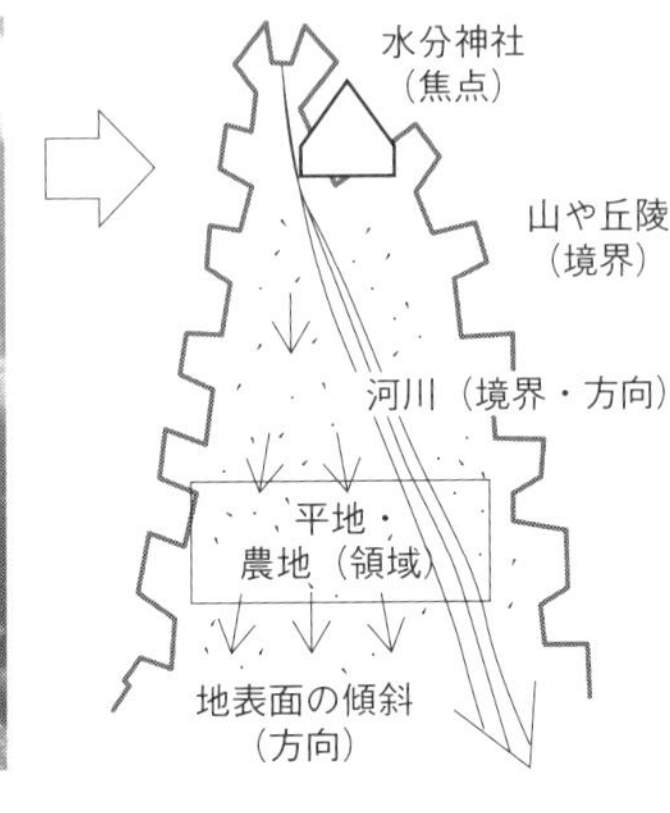

図11・2　隠国地形の例（右図、樋口忠彦 1981 から作成）

と」としての用法が広がっていると言う。この場合は、知覚されたアフォーダンスとされる。この概念をデザインの設計に生かすことによって、「よいデザイン」の道具を作ることが出来る。例えば、目の前に椅子があるとする。この時、この椅子には『座れ』と書かれていなくても、それに座ることができると解る。これは「この椅子自身が『座る』ことをアフォードしている」からである、と説明される。〝森林美とは機能美である〟と理解している私には、「森林美を創出する」と言うことは、多機能を発揮できる森造りと理解する。施業の結果として生み出される山々の風景の総体としての森林景観を見よう。ここに森林美学と景観管理・景観工学の関係が生まれる。

日本の風景の中で、人々が好む風景として隠国（こもりく）型の地形がある（樋口 1993）。この地形とは、奥と両側が山に囲まれた場所や盆地のような地形を指す（図11・2）。平城京、平安京遷都の時代からこのような地形が好まれた。見下ろす風景としても山の辺があると安定と安心感を抱くことができる。日本人の特性を意識したこの考え方は、環境美の重要性を説く。この考えを紹介したい。

日本の流域は、「谷―盆地―谷―平野―海」が基本になっている。谷は上流・下流という方向を明瞭に示す。川の上流の奥には水口（みなくち）があり、そこを神聖な場所と考えてきた。それは水田を営むために不可欠であり生きるために必須の場所なので水分（みくまり）神社が設けられた。隠国（隠処）地形にある水分神社を含む風景は、実は人間が生きていくために必要なものを備え、自然と調和した風景なのである。このような調和のとれた景観を芸術の視線ではなく、生存のために認識される「美しい風景」という。

芸術作品には、かなり多くの人が見て美しいと納得できる「基準」がある（三井 2008）。しかし、風景は漠然としすぎて「あそこはよい場所だ」とは言えるが、その「基準」を表現するとなると難しい。そこに、実は地形と動物としての本能から、ある一定の「法則」が見られると言う（アプルトン 2005）。それは、「こちらからは見えるが相手からは見えない場所が〝生存できる景観〟とする「眺望―隠れ場理論」である。もちろん山頂など凸型地形に築かれた神社もあり、凹型の隠処地形が絶対というわけではないが、そのような例は少ないと言う。

このように「風景美」を定量的に評価し、国土景観の創造を目指す体系が「景観工学」であり、その中でも森林を対象の中心に置くのがフォレスト・スケープであると私は理解している。そして機能美を向上させた施業の結果としての森林美とそのスケールアップしたものとしての風景（景観）美があると思う。最後に、森林美学の新たな展開を示したドイツ・バイエルンの林学徒W・シュテルプの考えを紹介し、森林美学の目標へ迫りたい。

12章　森林教育と永遠の森

1　森林公園の意義

　まだ雪の残る3月上旬に、ミュンヘン空港のある古都フライジングを訪問した。木材収穫の時期であり、環境教育を実践する現場を見学するためである。ザーリッシュの森造りの考え方、「美しい森林は、人間の心に豊かさと潤いを与える」。これは今田敬一の主張でもある。「美しい都市近郊林は、人間に住みよい環境を提供する」を、どのように実践しているのか、ミュンヘン大学の偉人達の思いが詰まった森を歩いた。

　森林美学は針葉樹を中心とした経済林・人工林の美の創出を目標とする。「美しい森は最も利用価値の高い森である」。この理念はヨーロッパトウヒ人工林に見られる。訪れた「フライジング・森林体験の小道」公園は、ブナも交えた心地よい林であった。至る所に案内板が掲示されており、森林資源管理の精神が伝わるように構成されていた。

我が国でも森林文化学の構築が進む中、各地に森林公園が設けられ、主に都市住民へ「緑の生活空間」を提供している（品田 2004）。このような試みは、大正時代の初めに、「森林美学」の著者、新島善直によって開催された森林教育の例がある（黒松内町 1993）。これは昭和の森（北海道・野幌森林公園）において実施された。野幌の森の中にテントを張って、東京からも多くの講師が参加した。そして生きた教材を前に「森林の科学」の講義を提供したという。当時には、森林浴の言葉はなかったであろうが、森林セラピーをいち早く実現していたと思われる。最近の話題と森林教育の体系化の内容は、大石・井上（2015）や上原ら（2017）の成書に譲る。

【コラム16】　森林セラピー

森林セラピー（therapy：治癒）とは、医学的な〝証拠〟に裏付けされた森林浴効果をいい、森林環境を利用して心身の健康維持・増進、疾病の予防を行うことを目指すが、医師による指導のない治療を推奨するものではない（大井ら 2009）。日本各地に森林浴やセラピーを目指す〝認定の森〟65か所が2006年から出来た。この森林セラピー基地の認定を受けるには、道幅が広く緩やかな傾斜で、歩きやすい散策路が2本以上あること、滞在・宿泊施設があることが求められる。なお、森林セラピーロードの場合は、道幅が広く緩やかな傾斜で、歩きやすい散策路が1本以上あれば認定審査を受けることができる。審査では、リラックス効果の実験結果、自然・社会条件等の評価、（基地の場合）滞在型施設面等の評価によるという。

森林浴が注目される発端は、40年前に刊行された神山氏のフィトンチッドの紹介を挙げることができる。フィトンチッド（Fitontsid）とは、ロシア語で「樹木から放散されて周囲の微生物などを殺す働きをもつ物質」英語（phytoncide）：Phyton：植物、cide：殺すから来ている。意味は、微生物の活動を抑制する作用をもつ樹木などが発散する化学物質のことで、植物が傷つけられた際に放出し、殺菌力を持つ揮発性物質のことを指す、とある。1930年頃にロシアのB・トーキン博士が提唱したとされる。

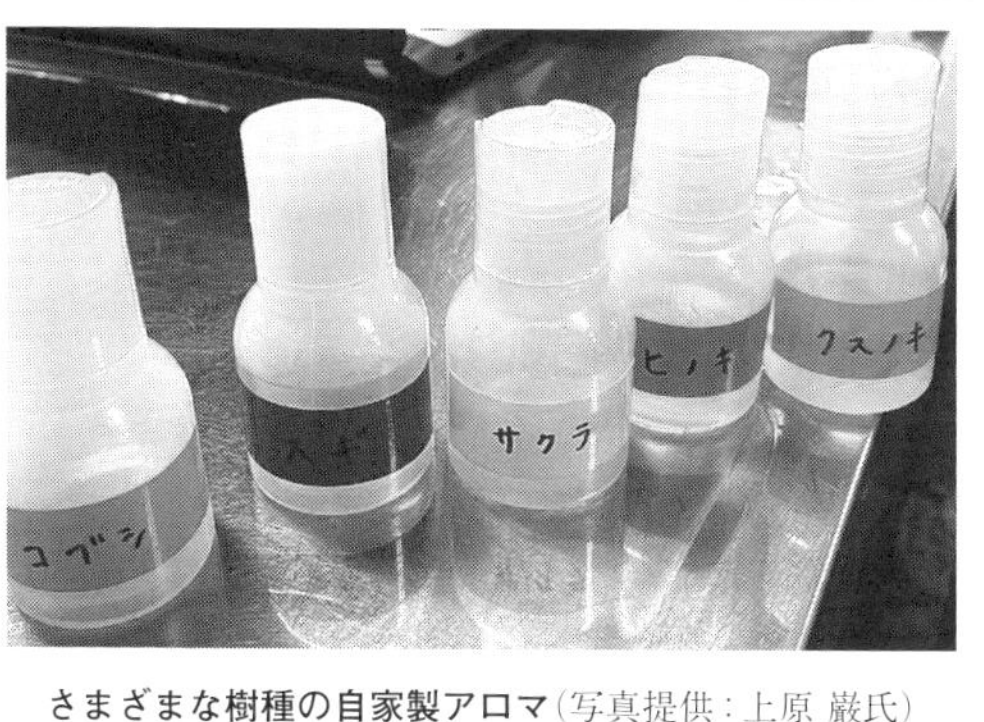

さまざまな樹種の自家製アロマ（写真提供：上原 巌氏）

東京農業大学の出前講義では、地元の高校生と身近な樹林を歩き、自らが抽出し作成した5種類の樹木の香りを楽しんでいる（図）。北海道では環境未来都市に認定された下川町では、トドマツ針葉を利用したアロマが注目されている。ロシアでは、ちょっとした風邪の症状の緩和用にモミの樹の精油が薬局で販売されていた。食べるフィトンチッドとして身近な柏餅や桜餅は、あまりに有名であろう。

なお、森林の生態系サービスの1つとしてのレクリエーション機能に関連して、日本森林保健学会（事務局：東京農業大学）の活動に期待がある。また、「癒やしの森づくり」が富士山麓山中湖畔に広がる東京大学演習林によっても設けられている。より、情報を得たい方々には、次の文献が参考になる。

【文献】
神山敬三（１９８０）「植物の不思議な力、フィトンチッド」、講談社ブルーバックス
大井玄・宮崎良文・平野秀樹（２００９）「森林医学Ⅱ」、朝倉書店
上原巌ら（２０１７）「森林アメニティ学――森と人の健康科学」、朝倉書店
矢田貝光克（１９９５）「森林の不思議　フィトンチッド」、現代書林

（小池孝良）

2　森林体験の小道と保育園

フライジングの中心部から車で約10分、都市住民に潤いを与えるフットパス（歩行者専用の小道）が全長約２kmの「森林体験の小道」公園の入り口に到着する。入り口から樹木の名前当てクイズが目を引く。13樹種について、地方名、属名、学名のヒント、葉などの特徴（例えば心形、羽状複葉等）、利用方法などが五角形のサイコロ状の遊技具として要所に設置されている（図12・1）。苔むした屋根のある展示台は装飾品としても森林に調和している。この展示版を構成している材の見せ方に注目した。支えているのは板目板で、円盤（木口面）も展示している。もう１つの展示では、板の上面

には葉、花と果実が描かれ、裏面には地方名と学名が展示されている。まず、植物名を知ることによって森林への親しみが増すと考えるのは我々と同じある。

この公園の設計は、ミュンヘン工科大学に隣接した「応用林学大学」の森林環境教育コースの実習の一環として実施された。日本の〝林業大学校〟に似ており、実習・実務重視のカリキュラムが提供され、林業現場で直ぐに活躍できる人材養成を行う。この一環としてチェーン・ソウの操作技術を競う。大学構内には見事な一本彫りが展示され(図12・2)、森林にもいくつもの「彫刻」が展示されている。

この公園の入り口付近はブナ林分であるが、その通直さに感動する。そのブナ林の一角に、

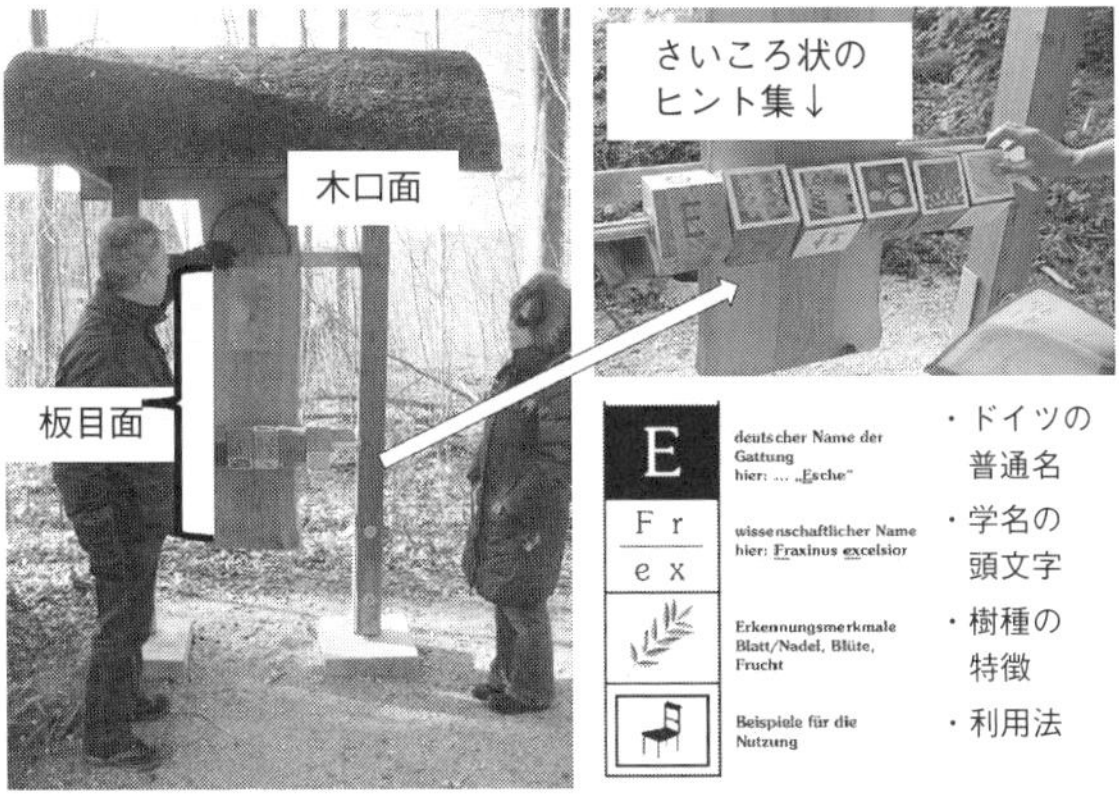

図12・1　樹種名当てクイズ(ドイツ・フライジングの森の小径体験公園)

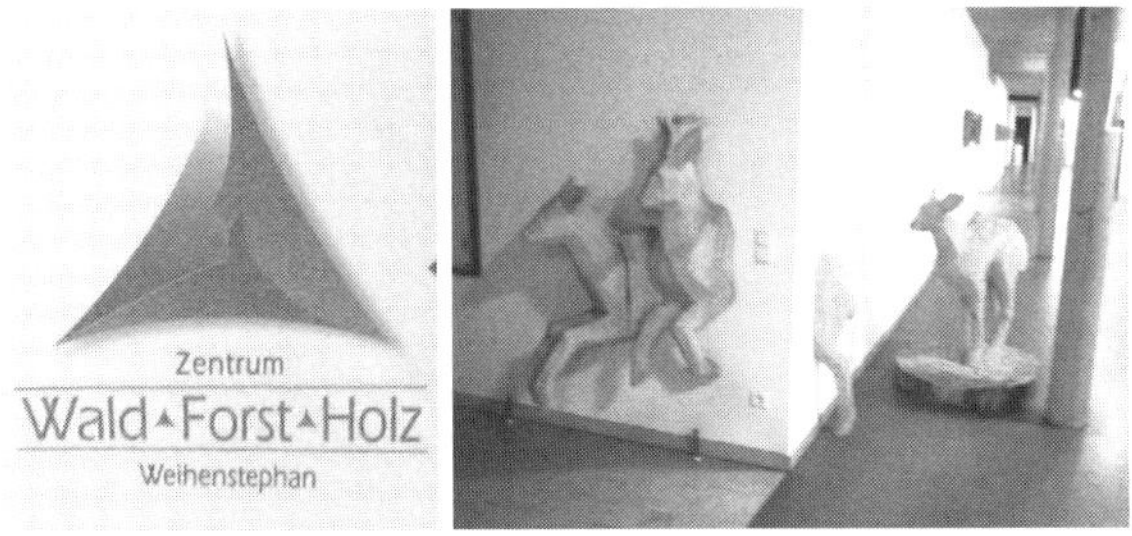

図12・2　ドイツ・バイエルン州の連絡会のシンボルと同応用林学大学のチェーン・ソー技術の紹介

図12・3　根系の見本の展示と土壌断面の説明

倒木を積んだ奇妙な光景が飛び込んできた。そこには、看板が設置され、森林における分解系の役割が図解されている。林道沿いの断幹されたマツにはコウモリ営巣用の巣箱が設置されていた。さらに進むと、根が地上に向かって展示されていた（図12・3）。根系を見るには効果的な展示である。脇には、道路法面を利用した土壌断面とそこに生息する土壌動物の役割が写真と模型によって展示され、物質循環の意味を楽しみながら学ぶように工夫されている。

「森林体験の小道」公園の名称通り、約2kmの行程には低木で造られた迷路や砂場（何メートル飛ぶと、どの動物なみか、という案内付き）、海賊船を模したジャングルジム様の遊技具もある。健康志向からか、木製のアスレチック用具も展示されている。足裏マッサージに良さそうな土壌の性質（砂利道、砂、木製チップなどが敷かれ、その感触から材料）を当てる小道（図12・4）などが興味を

図12・4　土質の異なる歩道の体験の小径

引く。このような土壌の感触を体験できる小道は、ザーリッシュの活躍の場所であったポーランド・ポツナン近郊の森林文化協会の敷地にも設けられており、目の不自由な方にも人気の施設らしい。

さらに、丸太ベンチが置かれた「森の講義室」が設けられ、夏には自然の利用と保護に関する授業も行われるという。講義室の脇には「芸術広場」もあって演劇も行われる。森の神様の彫刻や各自が気に入った作品を紹介できる一角があり、展覧会のにぎわいが目に浮かぶ。水たまりにはビオトープの内容と意義を紹介する展示があった。水辺林の意義や水中の様子が模式的に紹介されている。雪の残る初春だったので生き物のにぎわいは想像するしかなかったが、彼の地でワニの彫刻が展示されていることに思わず微笑んだ。

冒頭でも述べたが、フォン・ザーリッシュが説いた都市近郊林の意義も「展示」されている。例えば〝海賊船広場〟の一角には、収穫されたトウヒやモミ類の丸太が展示され、その利用方法やCO_2固定機能の解説がされている。広場には電話遊び用に8mを超える長大材が置かれ、比重の異なる丸太を電信器として利用することで木材の特徴を理解する仕組みには（図12・5）感心した。ま

木取りの方法を紹介する

「電信棒」遊び…樹種によって音の伝わり方が異なる

図12・5　木取りの展示と遊具から材質を学ぶ展示

た、トウヒ人工林ではギャップを設け、更新稚樹の成長を促し、ブナの植え込みによって混交林化を行う状況も観察できる。そして、その意義も説明されている。

こうして「森林体験の小道」公園を一巡りすると、森林がさまざまな生き物の集合体であり相互に作用し合っているシステム（＝生態系）であるということが理解できる。優れた点は、上述したが、背伸ばしブランコ、腹筋強化ベンチ、動物とジャンプ競争の砂場など、親子で遊びながら森林の重要性を知り、学ぶことができる仕組みが備わっていることである。森林公園の整備の考え方の根底には、アジェンダ21（21世紀に向けて持続可能な開発を実現するための具体的な行動計画を示す）がある。その実施方法には、「教育、意識啓発、訓練の推進」が掲げられ、その実現の手段の1つがこの公園と言えよう。

フライジング住民は約5万人（面積約89km²）であるが、周辺の人々も含めると年間2万人の訪問者があるという。この内訳は、60％は自動車で、残りは徒歩や自転車で訪問している。興味深いことは約70％の人々が平日に訪問していることである。これは日本で言う小中学校の授業が半日であることや年配者が多く利用していることによる。利用者からのアンケートによると散策に訪れた人々の約60％は、芸術展示コーナーに関心を持っている。このコーナーでは夏にコンサートや劇も催されており皆が参加できることもあって関心が高かった。また、約30％は学術的展示やそのそばに掲げられたゲーテやシラーらの芸術家の詩に関心があるという。残りの人々は電信棒など遊技に興じていると応えている。このような都市近郊林の開設・維持には、アジェンダ21以外にもドイツにおいて脈々と流れる森林美学の哲学と思想を感じる。

3　森の学校の今

デンマークで1960年代に始動し、その後、ドイツで発展した森の学校・幼稚園も見学した（図12・6）。フライジング・森の幼稚園での風景から紹介しよう。保育士3名程度で約20名の1～3才児を半日保育している。そこには父母の支援ボランティアも参加している。木琴が備えられ、ウサギの飼育小屋もある。子供達は小型のノコギリも使っていた。手押し車に枯れ枝を積んで運ぶ子

図12・6　フライジングの森の幼稚園と木琴

供。落ち葉集め、枯れ枝を引っ張っている子供。先生と一緒にたき火を囲む子供たち。まだ木枯らしが吹く中、鼻水を垂らしながらも、なんと生き生きと楽しそうに駆け回っていることか！

森林を利用した環境教育は、奈良県では教育大学と医科大学が共同して、森林教育の調査をしてきた。その活動を踏まえ、現在、「森のようちえんウィズ・ナチュラ」など、野外教育を積極的に取り入れた教育が行われ、成果をあげている（図12・7）。代表の言葉によると「子どもの為に」と始めた森の幼稚園は、母が子どもと共に自分の育て直しができる大人にとっても成長の場となった。「子は親の鏡」なら、私たち親が人生を楽しんでいる姿を見せることが大切であると言う（岡本2020）。深みのある言葉である。

森林教育の分析結果から、不登校児童らの治療にも効果があるという。自らは社交的ではなかったと述べているが、浜田久美子（2008）は「森の力」の中で、森の幼稚園の特長として、（1）感情や感覚を刺激される機会が多い。さらに、それらは比較的マイルドにある。（2）保育する大人にとって森は助っ人になる。（3）「生

図12・7　奈良の「森のようちえんウィズ・ナチュラ」（写真提供：岡本麻友子氏）

き物を思いやる心」から「他人の心をわかるように」なる。そして、短期間ではあったが同僚であり、感銘を受けた鬼頭秀一のいう「切り身の自然から、生身の自然へ」を学ぶことが出来る。システムとしての森林生態「系」と細分化された研究対象としての森林のすぐ認識できる構成要素（樹木、虫、鳥、そしてキノコなど）が、「肉」といえばパック詰めの肉片、を思い出させる。我々は「総体としての森林の恩恵」を受けているにもかかわらず、である。スーパーマーケットに売られている品しか知らない我が子にも疑似体験をさせたい。食前の「いただきます」という言葉の意味を十分に理解して生きていきたい。

鬼頭の著作「自然保護を問いなおす」は、愛知県出身の彼が、雪が深く積もる青森での生活から、いわば、実体験をもとに記した（鬼頭 1996）。常春の瀬戸内から、半年雪の中での生活をしてきた我が身にも、実体験を基礎に思考させられた、時間を経ても新鮮な内容を、浜田の論説とともに、若者に紹介してきた。札幌でもクリ巨木を大切にした幼稚園には高い人気がある。幼い頃から自然の営みを知ることによって、長じても同じく自然を愛でる心が育まれることは、今田の例でも実証されている。ここに森林環境教育の原点があると思う。

4　「美林を量る」視点

これは、長年、雑誌「グリーン・エイジ」の編集を担当された井原の論壇の表題である（井原2005）。国連の示した生態系サービス高度化の実行開始年に、日本森林学会の広報・解説誌「森林科学」に、2005年、「社会からみた森林の価値」という特集が組まれた。その目次の中に「日本の美林」を著した井原の論壇「美林を量る」を見つけたが、ページを開く前に「無理だろう！」と単純に思った。しかし、読み進めると引き込まれた。その論壇の構成には、林内美の創造を意図する森林美学とは共通点がある。それは、（1）森林の特性、（2）時間で量る、（3）時を超えるもの、の3つであった。井原はこれらを基礎に、森林文化論を森林美学の紹介もかねて、筒井迪夫とともに探り、朝日新聞社の行事を担ってこられたのである（「朝日の森」の創出：現在、滋賀県高島町の「くつきの森」）。私が非常に影響を受けた井原の論壇から森林美学の位置づけを探ってみよう。

座談会の記録が「司馬遼太郎の流儀」と称して刊行されたが、その一節を、井原は「国家とは山川草木とそれに支えられて生きる人々の総和である」として紹介している。ここで、〝山川草木〟を森林と置き換えると燃料革命前の我が国の日常生活そのものである。明確なことは、森林の個々の機能を見ると、例えば、柱なら鉄骨材に、燃料としても石油には太刀打ちできない。しかし、文頭に述べたように総体としての機能は森林が勝っている。総体としての評価にもっと注目する必要を感じる。もう1つ、幼い頃から感じて来たことであるが、祖父が、妹が生まれた時に、スギとキリを裏山に植えた時の言葉「嫁に行くときに、(家具や)支度がいるからな！」であった。「20～30年あればキリはタンス用に太るし、スギは曾祖父の植えたのを伐ればよい。これは、お前の代のために植えておく」。山造りの時間には、その感覚が違うのだと漠然と感じた。

井原は指摘している。美林と呼べる森には、総じて「時間」という共通点がある。ここで美林とは、いわゆる〝よいやま〟である。その価値判断には、もちろん個人の価値判断が入るが、それでも秋田スギ、吉野スギ、木曽ヒノキなど、古くからの林業地を美林とすることに異論のある方は少ないと思われる。概して300年を超えた林業地帯と言える。もちろん、藤森隆郎(2003)が主張したように、森林の各種機能は、それぞれの生育ステージごとに関連していること(複相林)、1つの林分に各種機能を担わせることは出来ないので、ある流域単位で機能を持たせる必要がある。谷本丈夫(2004)も著書「森の時間に学ぶ森づくり」で、きちんとした管理の下で時間が経つと資産価値が増すという〝山の価値〟を指摘している。速水林業の速水勉の言葉、「木一代、人三代」にも現れているが、林業人の感覚と一般の方々の時間の捉え方が異なるのだ。井原は、また、利用者に分かりやすいように、「節[*]が少ない上小節を樹齢50年と言い換える」ことを提案している。

*化粧面の〝見え方〟、見え掛かりの等級決定基準としては、以下がある。小節：直径約25㎜以下程の節が1m間隔に1個ぐらいずつ点在しているイメージ。上小節：直径約10㎜以下程の節が1m間隔に1個ぐらいずつ点在しているイメージ。特選上小節：エンピツの芯程の大きさの節が1mに1個ぐらいあるイメージ。木目や色合いもある程度そろっており、アテ（傾斜木に出来る特殊な材の構造：針葉樹材では黒っぽく見える）もほとんど無いが、ヤニ、カスリは若干ある。無地：節がまったく無く、木目や色合いもかなり揃っている。

森林樹木は、いわば時間の蓄積によってその価値を増す。しかし、木や山の価値が不変とは言えない。木材生産に目を向けても、将来、人気の出る材木の仕立て方は、今の基準では解らない。そこでドイツのゲルトリンゲン男爵の混交林造成への考え方を思い出して欲しい。ザーリッシュの期待であり、C・ワグネルの示した5（4）つの項目（適地適木、混交林化、諸害に耐性のある森、生産基盤整備）でも混交林化の有用性を指摘している。混交林を造っておけば、その時代に求められる樹種を提供できる可能性が高い、ということである。ただし、伊勢神宮の社有林のように、明確に利用目的が決まっている場合は数百年の生産期間も一瞬なのであろう。生産現場は個々のいわゆる素性の良い個体に広い生育場所を与え、森林管理者が神事でも有り誇りを持って施業に当たっている。一方で、収益を上げることを目的とした高野山の所有林のように、生産林業を営むスギ林などでは、タワーヤーダーなどを積極的に導入した林業の近代化も進められている。しかも、進士五十八の解説（2019）でも有名であるが風景美を提供できる林野庁お勧めの「日本美しの森：お薦め国有林」の場でもある。

5　永遠の命

ザーリッシュの森では、ビスタ構造のある林分管理、オークの並木などが今も継続整備されている(口絵)。その風景は100年の時間はあたかも昨日のようである。最後に、林業地帯としてはまったくの新参者であろうが、井原も着目した北海道・浦幌町の旧・石井山林(現在・三井物産フォレストが管理)の石井賀孝の目指した「23世紀の森づくり」の話題を紹介したい。石井の森づくりの目標は、ある意味、具体的であった。それは宮大工の目にとまる材の生産であった。

飛鳥時代から受け継がれていた寺院建築の技術を後世に伝える有名な宮大工、西岡常一の信念「木には命があり、その命を組み合わせることで建築はできる」とある(2003)。その言葉を裏付ける彼の言葉、「木六竹八」木は6月に竹は8月に切る。ただし、旧暦なので、約2か月の遅れである。木は冬の準備が出来た8月に(晩材が発達し、冬芽が完成する時期)、竹では虫害防止のために10月に切る」がある。西岡へ届けることの出来る木材、それは、「永遠の命を見越した木材生産とそのための山造り」を石井は目指していた。その方法として、1万5000本あまりの個体に、その特徴を記した「木籍簿」を作成していた(井原 2005)。個々体にラベルをつけて単木的な管理をし

図12・8　伐採前に御神酒を捧げる（写真提供：降旗治男氏）

ていた。「特」「貴」「超」「山」の区分の中で、興味深いのは「貴」は将来、貴重な個体になり得る個体、「山」は、山の神に捧げる個体で、１００年生で直径60cm以上を指す。山の神に捧げる樹木を育てるという発想は、日本人に特有の考え方かも知れない。

我々は、昔から八百万の神々を信じてきた。そこへ導入された仏教との折り合いをつけるため、本地垂迹説を持ち出してまで、山の神をあがめる気持ちを尊重してきた。つまり、巨木・巨樹の前で、自然と手を合わせる行い、我々が山仕事をする前に鍬入れ式、後に鍬納め式をして苗木を育てる気持ちを神様に捧げる行いは、我が国の特有の行いかもしれない。大きな木を伐採・収穫する前にしめ縄で飾り、御神酒を注ぐ行いは、日本人が神代の時代からの行いと考えている（図12・8）。それこそが、日本に根ざした森林美学を目指した新島善直らの理念であると考えている。

おわりに

振り返ると札幌農学校・初代教授・新島善直氏の足跡は、やはり大きいと感じる（小池２０１９）。当時の北海道林業では、ほぼ全体が天然生林からの収穫を行っており、本州のような林業生産が始まったのは、拡大造林の時期からのように思われる。時代背景、情報量に大きな違いがあって、いわば、ドイツ林学の導入から約１５０年前と現在を直接比べることは出来ないが、典型的遷移前期種（＝陽樹）を除くと、樹木の生育期間としては銘木を産む広葉樹などでは、未だに道半ばの感がある。針葉樹人工林の造成、保育、収穫の一連の流れからは、2周目が終わりつつある状況である。他の伝統ある林学科のある大学では木材生産に主眼を置く造林学が主体であった。それらに比べると、森林保護学及び造林学から始めたことが、新島善直の特徴かも知れない。ドイツ留学時の課題は「巣箱のかけ方」であり、担当した科目は、上述の2科目に加え、応用鳥学、森林美学、熱帯林管理論などであった。改めて、総合化を旨とする森林美学を講じていたことは、ＳＤＧｓ（持続可能な開発目標）が世界の目標になった時代を、ザーリッシュ同様に、新島はこの時代を先取りしていたのだ、と感じる。

私は、卒業研究では「ヒノキ人工林における天然下種更新」に関する研究室の継続課題に取り組んだ。このため、一番重要な〝はじめに〟の部分は出来ており、メニュー課題のため、進めるべき課題も、大きな計画のなかでほぼ決まっていたので、考える必要は無かった。これが、修士課程で、わずか5行程度の〝はじめに〟が書けず、不登校に繋がったと今振り返って思う。せっかくの卒業研究（＝訓練）に臨むとき、根幹になる部分を考えなかったのである。プロジェクト研究では、練り上げた文章に予算が付いているわけで、それに従事することの恐ろしさを、奇しくも経験した。もちろん自らの意識・責任であるが。

しかし、野外研究は経験が軌道修正をしてくれることがある。本来の目的は、〝人工林における間伐作業による光環境の調節によって残す木の結実を促し、林床で更新した稚樹の成長を期待する〟という内容であった。指導教員・齋藤秀樹先生らのことば、「自然の力を最大限引き出し、省力化を推進しよう！」は、森林の保全を考えると、魅力を感じた。しかし実際には、更新した芽生えは、林床が暗いからということではなく、病虫害や斜面上部からの土砂によって消失していた。事例研究の積み上げが、不可欠であることは理解できたが、普遍性とはほど遠いと感じ、大学院からは〝時代遅れの〟生理学的研究に進んだ。当時は、生態学（生物と環境の関係を解析する）が注目を浴びていた状況であった。拡大造林が一段落し、生理学から生態学全盛の時代になっていた。その後、職を得て、生態学と生理学の中間的な分野に従事し、約12年かかって、主要広葉樹30種の光利用特性の一覧表を作成したが（小池１９９１）、それが全てであると感じる。

はじめにも述べたが、分析・解析を行い、物質で物事を考える方向（生理学）だけでは、森林という大きな対象に向かうときには、いかんともし難い。そこで、様々な学問体系を総合化する指針としての森林美学の重要性を体感した。取り組んでから3年間は悩ましく、受講された１００名を越える受講生の皆様には、森林美学は施業論であり総合化であると理解されたかどうか解らない。教育実習で「教員は曖昧な言い方をしてはいけない」といわれたが、ほど遠い状況であった。しかし、生態系サービスの概念と、中静透氏が森林の人口統計学的アプローチを示されたことで、生理学的アプローチであっても生態学的な取り組みが必須の森林の扱いに入り込むことが可能になったと思う。そして、約30年間の生理生化学志向の研究のあとに総合化を目指す森林美学を学び、講じることが出来たことが、森林と取り組む仕事に従事してきた者には幸運であった。この一端を読者にも経験していただくことが出来たなら望外の喜びである。

最後に、講義内容の構築にご指導、ご支援くださった数多くの皆様に、深く感謝する。特に、今田敬一ゆかりということで指針を下さった筒井迪夫先生、林業試験場時代からご支援くださった鮫島惇一郎、坂上幸雄両氏、今田森林美学からのご批判をいただいたＮＰＯ森林風致研究所の伊藤精晤と清水裕子両氏、北海道大学の卒業生、鳥山英雄、田嶋謙三、竹生脩二、石井寛、松島肇氏はじめ同窓生の皆様、Ｗ・シュテルプとＭ・シャラー氏らドイツ・ミュンヘン工科大学とポーランド・ポツナン大学のJ・ビシュニスキーとD・グズアドヴィチ氏そしてザーリッシュのもう1つの流れである東フィンランド大学の諸氏のご支援に深く感謝する。また、森林美学の体系にご理解をいただき、森林生態社会学（森林風致学）への道を示された伊藤勝久と高橋絵里奈両氏、ザーリッシュの森林美学2版の翻訳を共に進めた芝正巳、伊藤太一各氏ら皆様に感謝する。

風景の見方の本質を示された小野良平氏には、論壇への質問に的確なご指導をいただき、森林美学への数々の情報を提供いただいた。また「究極」の森林利用、樹木葬のコラムを寄稿くださった上田裕文氏とコラムを執筆くださった皆様方に厚くお礼を申し上げる。タイトルのアイデアを示して下さった寿郎社の下郷沙季氏、大学へ転勤以来の同志・井上真理子氏、本文を通読いただき貴重なコメントをいただいた林業試験場時からの先輩、石塚森吉氏には、特に深く感謝する。

参考文献

青木信三（1973）『林業経営技術と高密路網』、創文

赤坂信（2005）「ドイツの国土美化と郷土保護思想」、（収録：西村幸夫編著、『都市美』、63〜81）、学芸出版

足立直樹（2010）『生物多様性経営——持続可能な資源戦略』、日本経済新聞出版社

アプルトン・J（著）菅野弘久（訳）（2005）「風景の経験——景観の美について」、法政大学出版局

石城謙吉（1994）「森はよみがえる——都市林創造の試み」、講談社新書

石田茂雄・高橋邦秀（1989）『北海道樹木語録』、北方林業会

石塚成宏・清水貴範（2010）「九州のスギ・ヒノキ林土壌のメタン吸収」、九州の森と林業93

伊藤弘（2008）「地域における森林風景の事例と取り扱い」、（収録：塩谷勉編著、森林風景計画学）、地球社、155〜186

井原俊一（1997）『日本の美林』、岩波新書

井原俊一（2005）「美林を量る」、森林科学43：88〜90

今泉宜子（2013）『明治神宮——「伝統」を創った大プロジェクト』、新潮選書

今田敬一（1934）「森林美学の基本問題の歴史と批判」、北海道帝国大学演習林研究報告9（2）

今田敬一（1972）「森の美しさ」、林（北海道林務部）241：33〜37

上原巌ら（2017）『森林アメニティ学——森と人の健康科学』、朝倉書店

ヴォールレーベン・P（著）長谷川圭（訳）（2018）『樹木たちの知られざる生活――森林管理官が聴いた森の声』、早川書房8277
牛尾洋也・鈴木龍也（2012）『里山のガバナンス――里山学のひらく地平』、晃洋書房
内田芳明（2001）『風景の発見』、朝日選書
瓜田澄夫（2006）「ピクチャレスク美学における山岳表象について」、神戸大学国際コミュニケーションセンター論集3：93～105
エッカーマン（著）山下肇（訳）（1968・1969）『ゲーテとの対話、上・中・下』、岩波文庫
大石康夫・井上真理子（2015）『森林教育』、海青社
大橋慶三郎（2001）『道づくりのすべて』、全国林業改良普及協会
大橋力（2003）『音と文明――音の環境学ことはじめ』、岩波書店
岡本麻友子（2020）『常識を変える！　親子で伸ばす自然な子育て』、ギャラクシーブックス
小川真（2009）『森とカビ・キノコ――樹木の枯死と土壌の変化』、築地書館
奥敬一（2004）「里山の語り部「シシ垣」」、森林総研・関西支所・研究情報No.72
小野良平（2005）「明治末期以降の山林の変容と「ふるさと」風景観の成立」、ランドスケープ研究68：411～416
小野良平（2008）「森林風景計画学研究の展開と課題」（収録：塩谷勉編著、『森林風景計画学』、115～154）、地球社
上飯坂実（1971）『森林利用学序説』、地球出版
貴島恒夫・岡本省吾・林昭三（1962）『原色木材大図鑑』、保育社

北尾光俊（２００５）「アカエゾマツは春先、一時的に低温害を受けやすくなる」、森林総合研究所北海道支所、研究レポート85：１〜４
北村昌美（１９９５）『森林と日本人――森の心に迫る』、小学館
北村昌美（２００８）『森よよみがえれ――文化森林学への道』、日本森林技術協会
鬼頭秀一（１９９６）『自然保護を問いなおす』、ちくま新書
喜屋武盛也（２０１１）「森林美学――美学芸術学の視点から」、北方林業63：14〜17
桐谷圭治（２００４）『「ただの虫」を無視しない農業――生物多様性管理』、築地書館
クック・W・L・Jr、ドリス・ヴェーラウ（著）小池孝良・清水祐子・芝正巳・伊藤太一・伊藤精晤（監訳）（２０１８）『H・フォン・ザーリッシュ　森林美学』、海青社
久保田展弘（１９９７）『日本多神教の風土』、PHP新書
黒松内町・明石かおる（１９９３）『北のヤシ林』、ぎょうせい
小池孝良（１９９１）「落葉広葉樹の光の利用の仕方――光合成特性」、森林総研北海道支所研究レポート25：１〜８
小池孝良（２０１１）「森林美学の源流を訪ねて」、北方林業63：２６１〜２６４
小池孝良（２０１３）「銘木を生む広葉樹５種の生産環境」北方林業65：１０９〜１１２
小池孝良・渡辺誠・渡邊陽子・江口則和・高木健太郎・佐藤冬樹・船田良（２０１３）「植物の高CO_2応答：高CO_2環境に対する落葉樹の応答」、化学と生物51：５５８〜５６５
小池孝良・高木健太郎・佐藤冬樹（２０１４）「森林からのメタン発生――進行する高CO_2環境の影響」、北方林業66：２８４〜２８７
小池孝良（２０１９）「森林科初代教授・新島善直」（収録：『北大ACMプロジェクト、北海道大学もうひとつのキャ

ンパスマップ』156〜163）、寿郎社
小林亨（1993）『移ろいの風景論—五感・ことば・天気』、鹿島出版会
蔡温、中須賀常雄（監訳）（1997）『林政八書・意訳』、沖縄マングローブ協会、編集工房東洋企画
酒井秀夫（2004）『作業道—理論と環境保全機能』、全国林業改良普及協会
坂口勝美監（1975）『これからの森林施業・森林の公益的機能と木材生産の調和を求めて』、日本林業調査会
佐々木正人（1994）『アフォーダンス—新しい認知の理論』、岩波科学ライブラリー
佐藤誠（2002）『グリーンホリデーの時代』、岩波書店
佐藤由美加（2010）『「今田敬一の眼」—北の風土と美術—』、北海道近代美術館資料
品田穣（2004）『ヒトと緑の空間—かかわりの原構造』、東海大学出版会
品田穣・浅井葉子（2010）『人類の原風景を探る』、東海大学出版会
篠原修（2008）『ピカソを超える者は—評伝鈴木忠義と景観工学の誕生』、技報堂出版
清水裕子（2006）「人工林の風致施業のための林相変換の研究—ヒノキ人工林を対象として」、信州大学農学部AFC報告4：1〜46
シュテルプ（Stölb, W）（2005）*Waldästhetik, Verlag Kessel*：2 Aus.（私家版）
進士五十八（2019）『進士五十八の風景美学』、マルモ出版
杉野千鶴（2008）『タウヌス—輝ける森の日々』、日本森林技術協会
鈴木和次郎（2009）「日本における台伐り萌芽の系譜—その背景と生態、そして保護」、森林技術803：2〜9
清和研二（2013）『多種共存の森—1000年続く森と林業の恵み』、築地書館
高橋邦秀・藤村好子・小池孝良・中村梅男（1988）「アカエゾマツの晩霜害」、北方林業40：259〜263

高橋春成（２０１０）『日本のシシ垣――イノシシ・シカの被害から田畑を守ってきた文化遺産』、古今書院
田口豊・深尾孝・盛田和男（１９７３）『高密度路網による森林施業』、北方林業会
タットマン・C（著）熊谷実（訳）（１９９８）『日本人はどのように森をつくってきたのか』、築地書館
立松和平・横松桃子（２００２）『古事の森――樹齢４００年の巨木を育てる』、かんき出版
谷本丈夫（２００４）『森の時間に学ぶ森づくり』、全国林業改良普及協会
田村剛（１９２９）『森林風景計劃』、成美堂書店
筒井迪夫（１９９５）『森林文化への道』、朝日選書
筒井迪夫（２００６）「森林美に寄せる心の重視――森林美化政策について」、森林技術67：1～6
筒井迪夫（２００９）『森林文化学研究――山と木と人の融合』、林業経済研究所
ツンデル・R／ケトラー・D畑野健一訳（１９７１）『森林の風景保育と休養対策』、日本林業技術協会
中静透（２００４）『森のスケッチ』、東海大学出版会
新島善直・村山醸造（１９１８）『森林美学』成美堂書店・復刻版（１９９１）、北大図書刊行会、小関隆祺・解説付き
西岡常一（１９８８）『木に学べ　法隆寺・薬師寺の美』、小学館
西田正憲（２００８）「新たな風景視点〈生物多様性〉」、環境研究１４８：１０４～１１２
農林水産奨励会（２０１２）『森の世界へ出かけよう』
浜田久美子（２００８）『森の力――育む、癒す、地球をつくる』、岩波新書
速水勉（２００７）『美しい森をつくる――速水林業の技術・経営・思想』、日本林業調査会
速水亨（２０１２）『日本林業を立て直す――速水林業の挑戦』、日本経済新聞出版社
樋口忠彦（１９９３）『日本の景観――ふるさとの原型』、ちくま書房

平野秀樹（2001）『森の巨人たち・巨木100選』、講談社
藤田直子（2010）「鎮守の森の歴史と文化」、グリーンエイジ2010（2）：4～7
藤巻玲路・山下多聞（2012）「スギ人工林土壌における環境要因の変化とメタン吸収との関係」、島根大学生物資源科学部研究報告17：29～34
藤森隆雄（2003）『新しい森林管理』、日本林業調査会
ベルク、オギュスタ　篠田勝英（訳）（1990）『日本の風景・西欧の景観そして造景の時代』、講談社現代新書
堀繁・斎藤馨・下村彰男・香川隆英（1997）『フォレストスケープ』、全国林業改良普及協会
前迫ゆり（2010）「生態系保全と社叢管理の視点」、グリーンエイジ2010（2）：8～12
牧野和春（1998）『巨樹と日本人――異形の魅力を尋ねて』、中公新書
丸山徳次・宮浦富保（2007）『里山学のすすめ――文化としての自然再生にむけて』、昭和堂
三井秀樹（2008）『かたちの日本美――和のデザイン学』、NHKブックス
湊克之・小池孝良・芝正巳・仁多見俊夫・山田容三・佐藤冬樹（2010）『森への働きかけ――森林美学の新体系構築に向けて』、海青社
メーラー・A（著）山畑一善（訳）（1983）『恒続林思想』、都市文化社
森本幸裕（2008）「生物多様性と里山――ランドスケープの視点から」、環境研究148：41～49
森本幸裕・安田喜憲（2007）『動物反乱と森の崩壊』、森林文化協会
山口文章・藤原重夫（2006～2010）『新・高野百景――四季折々の高野山の風景を歩く、その弐――世界遺産・高野山の歴史と美しさにふれる、その参――訪れるごとに新しい高野山に出会う』、教育評論社
山口高志・野口泉（2010）「摩周湖周辺の大気環境――霧とオゾンについて」、北方林業53：30～32

山田勇（２００２）『エコツーリズムと生態資源』、科学72：６９０～６９５
山田容三（２００９）『森林管理の理念と技術』、昭和堂
山田容三（２０２０）『ＳＤＧｓ時代の森林管理の理念と技術――森林と人間の共生の道へ』、昭和堂
ユケッター・Ｆ（著）和田佐規子（訳）（２０１５）『ナチスと自然保護：景観美・アウトバーン・森林と狩猟』、築地書館
由田幸雄（２００６）「森林景観づくりの事業について」、森林技術７７５：22～27
レーマン・Ａ（著）識名章喜・大淵知直（訳）（２００５）『森のフォークロア――ドイツ人の自然観と森林文化』、法政大学出版会
涌井雅之（２００６）『景観から見た日本の心』、日本放送出版教会
鷲谷いづみ・矢原徹（１９９６）『保全生態学入門――遺伝子から景観まで　生物多様性を守るために』、文一総合出版
Adams, J. M., Woodword, F. I.（1989）"Patterns in tree species richness as a test of the glacial extinction hypothesis". *Nature* 339: 699–701
Arp, W. J.（1991）"Effects of source-sink relations on photosynthetic acclimation to elevated CO_2". *Plant Cell Environ.* 14: 869–875
Barnes, T. G.（1976）"Landscape Ecology and Ecosystems Management". Univ. Kentucky Cooperative Extension, *FOR*-76: 1–8
Cook Jr W., Warau, D.（2008）*Forest Aesthetics*. Forest History Society, USA,
Kim, Y. S., Watanabe, M. *et al.*（2011）"Reduced atmospheric CH_4 consumption by two forest soils under elevated CO_2

concentration in a FACE system in northern Japan". *J. Jpn. Soc. Atmos. Environ.* 46: 30–36

Lewis, R. J. *et al.* (2017) "Applying the dark diversity concept to nature conservation". *Conserv. Biol.* 31 (1) DOI: 10.1111/cobi.12723

Momiyama, H., Kumagai, T., Egusa, T. (2021) "Model analysis of forest thinning impacts on the water resources during hydrological drought periods". *For. Ecol. Manag.* 499, 119593 doi.org/10.1016/j.foreco.2021.119593

Oikawa, T. (1986) "Simulation of forest carbon dynamics based on a dry-matter production model III. Effects of increasing CO_2 upon a tropical rainforest ecosystem". *Bot. Mag. Tokyo* 99: 419–430

Osawa, A., Zyryanova, O., Kajimoto, T., Matsuura, Y., Wein, R. W. (2010) *Permafrost Ecosystem*. Springer Verlag No.309

Scherer-Lorenzen, M., Körner, Ch., Schulze, E. D. (2005) *Forest Diversity and Function.* (*Springer Ecological Studies* 176). Springer Verlag No.

Stölb, W. (2005) Waldästhetik über Forstwirtschaft, Naturschutz und die Menschenseele. pp.398, Verlag Kessel, Berlin.

Sumida, A., Nakai, T., Yamada, M., Ono, K., Uemura, S., Hara, T. (2009) "Ground-based estimation of leaf area index and vertical distribution of leaf area density in a *Betula ermanii* forest". *Silva Fennica* 43: 799–816

Von Salisch, H. (1902) *Forst Ästhetik* 2 Aus. Jena, Germany

や　行

ら　行

わ　行

な　行

は　行

ま　行

た　行

さ　行

索　引

●著者紹介

小池孝良（こいけたかよし）

1953年　神戸市生まれ
京都府立大学・農学部林学科卒業、名古屋大学・大学院農学研究科博士後期課程中退。1981年林野庁・林業試験場、同北海道支所　研究員、スイス連邦　森林・雪・景観研究所　博士研究員、筑波大学地球環境研究特別研究プロジェクト研究員（及川G）、1994年東京農工大学・農学部環境・資源学科（助教授）へ出向。1998年北海道大学・農学部演習林（教授）、同北方生物圏フィールド科学センターを経て、同・大学院農学研究院、2016年島根大学・生物資源学部非常勤講師（森林生態社会学・森林風致学）、2019年同農学研究院研究員/名誉教授。この間、北海道大学農学部では、造林学、森林保護学（分担）、環境化学（分担）、森林美学を講じてきた。

主要編著書：
樹木生理生態学（朝倉書店、2004）、森林の科学（共編、朝倉書店、2005）、北の森づくりQ&A（共編、北方林業会、2009）、森への働きかけ（共編、海青社、2010）、北海道の森林（共編、北海道新聞社出版局、2012）、造林学4訂版（共編、朝倉書店、2016）、H・フォン・ザーリッシュ森林美学（訳本・共編、海青社、2018）、木本植物の生理生態（共編、共立出版、2020）、森林保護学の基礎（共編、農文協、2021）

Journey to Forest Aesthetics — In Quest of H. von Salisch's Forest —

しんりんびがくへのたび
森林美学への旅 ── ザーリッシュの森をもとめて ──

本書web

発行日：2021年11月15日 初版第1刷
定　価：カバーに表示してあります
著　者：小　池　孝　良
発行者：宮　内　　　久

海青社
Kaiseisha Press
〒520-0112 大津市日吉台2丁目16-4
Tel. (077) 577-2677 Fax (077) 577-2688
http://www.kaiseisha-press.ne.jp
郵便振替　01090-1-17991

ISBN978-4-86099-390-0 C0061 Printed in JAPAN 乱丁落丁はお取り替えいたします。